Catástrofe narcísica

Teresa Pinheiro

Catástrofe narcísica
© 2025 Teresa Pinheiro
Editora Edgard Blücher Ltda.

Série Psicanálise Contemporânea
Coordenador da série Flávio Ferraz
Publisher Edgard Blücher
Editor Eduardo Blücher
Coordenador editorial Rafael Fulanetti
Coordenadora de produção Ana Cristina Garcia
Produção editorial Luana Negraes e Andressa Lira
Preparação de texto Rodrigo Botelho
Diagramação Negrito Produção Editorial
Revisão de texto Maurício Katayama
Capa Leandro Cunha
Imagem da capa iStockphoto

Blucher

Rua Pedroso Alvarenga, 1245, 4º andar
04531-934 – São Paulo – SP – Brasil
Tel.: 55 11 3078-5366
contato@blucher.com.br
www.blucher.com.br

Segundo o Novo Acordo Ortográfico, conforme 6. ed. do *Vocabulário Ortográfico da Língua Portuguesa*, Academia Brasileira de Letras, julho de 2021.

Dados Internacionais de Catalogação na Publicação (CIP)
Heytor Diniz Teixeira, CRB-8/10570

Pinheiro, Teresa
Catástrofe narcísica / Teresa Pinheiro. – São Paulo : Blucher, 2025.
250 p. – (Série Psicanálise Contemporânea / coord. Flávio Ferraz)

Bibliografia
ISBN 978-85-212-2509-6 (impresso)
ISBN 978-85-212-2508-9 (eletrônico – Epub)
ISBN 978-85-212-2703-8 (eletrônico – PDF)

1. Psicanálise. 2. Narcisismo (Psicologia). 3. Melancolia (Psicologia). 4. Trauma psíquico. 5. Introjeção (Psicologia). 6. Sublimação (Psicologia). 7. Idealização (Psicologia). 8. Mecanismos de defesa (Psicologia). 9. Psiquismo. 10. Metapsicologia. 11. Psicanálise e sexualidade. 12. Psicanálise clínica. I. Título.

CDU 159.964.2

Índice para catálogo sistemático:
1. Psicanálise CDU 159.964.2

Catástrofe narcísica

Blucher

Conteúdo

Prefácio

Renata Udler Cromberg

Catástrofe narcísica, de autoria de Teresa Pinheiro, é uma coletânea de catorze artigos publicados desde a década de 90 do século passado até os dias de hoje. Seu conjunto forma uma preciosidade que testemunha o percurso fértil e original da sua autora e o contexto em que ele se deu. Teresa Pinheiro é uma psicanalista que tem vocação de fundadora. Seu doutorado em psicanálise na França, *A teoria do trauma: da introjeção à cura*, orientado por Pierre Fédida, finalizado em 1987, se tornou no Brasil o primeiro trabalho sobre Sándor Ferenczi. Nele, sua proposta é a de estabelecer uma metapsicologia para a teoria do trauma na obra de Ferenczi. Mas como ela tem também uma vocação de aglutinadora, logo esteve com outros pioneiros em uma importante publicação. Fundou a pós-graduação em teoria psicanalítica com Joel Birman, Luiz Alfredo Garcia Rosa e outros na Universidade Federal do Rio de Janeiro, instituição que segue transmitindo um importante legado. Outra invenção instituinte de Teresa Pinheiro são os projetos de pesquisa do Núcleo de Estudos em Psicanálise e Clínica da Contemporaneidade (Nepecc), estabelecido por um acordo entre o Instituto de Psiquiatria da Universidade Federal do Rio de Janeiro e o Programa de Pós-Graduação em Teoria Psicanalítica da mesma universidade, no qual dividiu a coordenação com Julio Verztman e Regina Herzog por mais de vinte anos. Esse núcleo se constituiu para abrigar pesquisas sobre os impasses e desafios da clínica contemporânea e produziu e publicou importantes trabalhos com a contribuição de inúmeros mestres e doutores, boa parte deles orientados pela autora. Alguns capítulos do presente livro foram escritos com parceiros dessa instituição: Julio Verztman, Diane Viana, Karla Patrícia Holanda Martins e Alexandre Jordão. Juntamente com Helena Besserman Viana, ela escreveu o primeiro livro sobre a primeira psicanalista pioneira, Margarete Hielferding, que inspirou a pesquisa de outras pioneiras psicanalistas no Brasil.

Avessa ao pensamento psicanalítico que se encastela em igrejas, Teresa cultiva a curiosidade pela mente humana, pela diferença e sobretudo pela peculiaridade de cada ser humano que recebe em seu campo de trabalho usando seu tato para entender seu modo de funcionar. Ela pensa a psicanálise contextualizando-a nos diferentes tempos históricos de sua existência e sobretudo a partir da cultura. É de sua clínica particular e dos seus atendimentos no espaço público, sobretudo nos pacientes atendidos pelos projetos de pesquisa desenvolvidos no Nepecc, que ela foi desenvolvendo seus estudos sobre as patologias narcísicas no mundo contemporâneo. A partir destes, a autora foi em busca de uma metapsicologia da melancolia, quadro clínico que ela julga poder dar a melhor compreensão para as novas subjetividades emergentes no mundo neoliberal desde o final do século XX. Na sua leitura, a teoria parte sempre da clínica. Freud e Ferenczi são os autores cujo pensamento teórico-clínico ela aprofunda para compor tecituras que mesclam numa nova trama a teoria do narcisismo e da melancolia de Freud com a original teoria do trauma de Ferenczi. Avançar no estudo da metapsicologia da melancolia pode fornecer subsídios para fundamentar a direção do tratamento clínico.

Quais são as patologias das quais parte a autora? Para ela, a psicanálise só fará progressos se os psicanalistas não recuarem diante do trabalho com os pacientes psicóticos, os casos-limite, as patologias narcísicas, os grandes somatizadores, o falso self, a personalidade narcísica e as melancolias graves. Neles, a questão corporal ganha relevo e dimensão, no paradoxo em que há uma total estranheza em relação ao próprio corpo, como se o corpo não lhes pertencesse, ao mesmo tempo que ele permanece como única prova que têm da própria existência. Há, pois, uma precariedade da representação corporal e a necessidade de restauração ou recuperação da representação corporal em falência. Em relação à percepção do tempo, há total ausência da dimensão de futuro ao mesmo tempo que "a morte faz parte do cardápio deles, tanto quanto o feijão com arroz" (p. 28). A hipótese da autora é que essas patologias ganham consistência na proposta metapsicológica da melancolia, considerada uma estrutura à parte, e que essa última se torna mais explícita na teoria do trauma. Diferentemente do início do século XX, quando a patologia histérica era predominante e a que melhor sintetizava a cultura da época, na atualidade, os sintomas estão mais perto das patologias melancólicas, que são o retrato da cultura pós-moderna. Já a psiquiatria dita biológica constrói síndromes variadas com a promessa de que serão facilmente curadas ou controladas pela prescrição de alguns comprimidos de um mesmo medicamento: antidepressivos.

Apresento o que me pareceu serem os principais eixos do livro:

A sexualidade e a construção do psíquico e a violência sexual de um adulto sobre a criança

O mérito genial de Freud foi afirmar que o inconsciente existe a partir da sexualidade e que esta não é um instinto, mas uma construção psíquica. Aliás, inconsciente e sexualidade inaugurando, no início do século XX, a constituição de um aparelho psíquico. Nessa teorização, o lugar do trauma sexual causado por um adulto em uma criança some e o fantasiar sexual da criança com suas pulsões autoeróticas parciais ganha a cena psíquica.

Já a originalidade da teoria ferencziana do trauma foi recuperar a realidade da violência sexual de um adulto sobre a criança, em que o descrédito aparece como marca de que o trauma se faz entre três. Numa cena em que a criança busca o adulto com uma linguagem de ternura, este entende a busca como uma sedução da ordem do genital, gerando uma confusão de línguas. A criança não entende a cena e diante do enigma da culpabilidade do agressor identifica-se com ele. A criança vai então à procura de outro adulto que possa dar sentido ao que não fez sentido; esse adulto, por sua vez, não suportando o relato da criança, a desacredita, exigindo de maneira radical e unívoca que o escutado não passe de uma fabulação infantil. O descrédito inviabiliza a inscrição psíquica de todo o evento traumático, "restando somente uma lembrança sensorial marcada no corpo, como a memória de um computador sem o *software* que a formatou" (p. 31). Marcação inacessível, porém, existente. Pinheiro nos diz que a responsabilidade do trauma é do descrédito. E assim vemos que o trauma se constitui a três. O descrédito é aquilo que impede o percurso do processo de introjeção, conceito postulado por Ferenczi em 1909 e que, segundo ele, é o processo psíquico que é o próprio modo de funcionamento da libido: pôr para dentro de si o mundo a partir do objeto e das marcas de sentido que ela pode apreender por meio desse investimento libidinal. Já a identificação melancólica ou com o agressor seria o produto de um mecanismo de defesa quando a introjeção não pode ser realizada. A autora dedica um capítulo organizador ao estudo da introjeção.

Metapsicologia da melancolia e metapsicologia do trauma

O bordado conceitual da autora faz um passeio que diferencia a identificação histérica, a identificação melancólica e a identificação com o agressor.

Teresa utiliza o conceito de identificação como a própria explicitação do modo de funcionamento do aparato psíquico. Num primeiro momento ele esteve presente em Freud como identificação ao modo da histeria, como identificação com traços do objeto, permitindo uma concepção do eu como um precipitado dessas identificações. Com a postulação da identificação obedecendo à norma do narcisismo, o processo passa a ser tornar semelhantes as diferenças. Assim, as inscrições psíquicas se relacionariam com a circulação libidinal, que, regida pelo princípio do prazer e pelo narcisismo, teria como própria condição o processo de identificação. No caso da identificação melancólica, é como se a identificação trouxesse o objeto em bloco, como "um posseiro que ocupa o espaço egoico" (p. 32) que não pode se apropriar subjetivamente do objeto por uma identificação introjetiva feita por traços, apenas pode se identificar por incorporação do objeto. A sombra do objeto caiu sobre o eu, nos diz Freud. E, assim, o que foi perdido é a própria possibilidade da subjetividade por um eu constituído como um precipitado de identificações. Na melancolia, o eu é o palco onde se desenrola permanentemente o drama de uma única relação objeto.

A autora nos diz que se o neurótico recalca a castração para afastá-la, enquanto percepção dos limites, o melancólico parece siderado por ela: desprovido da capacidade de se iludir, não tem receio de enfrentá-la, agarrando-se "ao ridículo da vida, não para rir dela e de si próprio, e sim para acusá-la e acusar-se" (p. 33). A lucidez melancólica é a tentativa de inscrever a castração. Há uma mortificação: só há o lugar para a perfeição que é inatingível ou para a imperfeição absoluta. A clivagem melancólica, portanto, separa de maneira radical, em dois, o campo egoico, um lado tomando o outro com a estranheza de um objeto. A identificação melancólica surge como análoga às primeiras identificações narcísicas: essas identificações não só serão responsáveis pela formação do caráter, mas serão sobretudo a matéria-prima do supereu. Essas identificações seriam, portanto, feitas no modelo da oralidade, análogas ao princípio canibal do totemismo.

Já na metapsicologia do trauma, o que foi colocado no limbo foi justamente o eu da ternura – foi ele que perdeu a vez e a voz. É a própria organização da couraça narcísica que se vê desmantelada com a identificação com o agressor. Para Pinheiro, o conceito ferencziano de identificação com o agressor em nada difere da descrição da identificação melancólica. Também aí há uma clivagem em que as partes não se comunicam por diferença de linguagem. A parte identificada com o agressor detém a linguagem da paixão, e a outra parte, ignorada, detém a linguagem da ternura. O falso self patológico de Winnicott é também uma figura nosológica quase idêntica ao traumatizado ferencziano, como que equivalente à identificação com o agressor e à sombra do objeto.

A invenção narcísica e a certeza de si

As pesquisas realizadas no Nepecc com pacientes com quadros clínicos diversos em suas queixas e sintomas trouxeram um traço comum: a falta da certeza de si.

Um dos grandes achados conceituais originais de Teresa Pinheiro é a maneira como ela descreve o narcisismo: como invenção. Se em *Totem e tabu* (1913) a onipotência narcísica já estava presente na figura do Pai primordial, em *Para introduzir o narcisismo* (1914) Freud inventa um fruto da projeção do narcisismo dos pais sobre o filho, em que é criada no sujeito em emergência uma onipotência sem fendas ou falhas – uma ideia de completude perdida pelos pais e reeditada na criança. Esse eu narcísico, portanto, nasce de uma ficção, montada na fantasia de um objeto complementar que traria a plenitude perdida, análoga à fantasia que recobre o objeto da paixão. Assim, o narcisismo que é projetado no filho inventa nele o mesmo modelo de completude e onipotência. O inventor narcísico se torna o fiador e, durante muito tempo, será o possibilitador e também a causa do investimento do sujeito no universo da linguagem e da produção de sentidos. A certeza de si é a apropriação dessa onipotência. Na certeza de si, a invenção narcísica deixa de ser algo passivamente recebido do outro e se torna uma produção do sujeito. É o medo de perder o fiador que leva à crença na própria onipotência pela criança, para tornar-se o fiador de um si mesmo, de que cada um pode lançar mão sempre que necessário. A certeza de si é, portanto, mais uma ilusão egoica que funciona como pedra fundamental, da qual a construção de nós mesmos tem necessidade de se mover para viver. Sem ela, a possibilidade de interlocução interna pode desaparecer. Sem ela, o eu fica refém do que o outro afirma, ganhando uma exterioridade radical. O que o eu é passa a ser o que o outro afirma que é. Por isso o descrédito é o fator traumatizante por excelência, "cuja sequela mais evidente seria a perda da certeza de si. O descrédito tiraria a confiança no que se percebe e no que se viveu" (p. 171).

Uma outra originalidade do pensamento de Pinheiro, que mencionei antes e que gostaria de retomar, é a maneira como ela trabalha o conceito de introjeção em Ferenczi, criado em 1909, como precursor e em conversa com o narcisismo. Para ela, os dois autores, Freud e Ferenczi, trabalhavam a quatro mãos para construir teoricamente uma boa resposta às questões levantadas por Jung, "que descartava a importância da sexualidade como ordenadora do aparato psíquico" (p. 43). A introjeção seria o primeiro movimento psíquico megalômano da libido de apropriar-se de tudo, a tudo se unir. Seria a maneira do recém-nascido de responder, a partir da sua precariedade, à luta entre vida e morte. A libido narcísica busca "eliminar diferenças, tornar semelhante, derrubar barreiras, tapar vazios, transformar enigmas em obviedades" (p. 44). Busca então uma pasteurização das diferenças, fazendo do outro eu próprio. Desse modo, torna-se possível a onipotência tão decantada do narcisismo.

> *Espanta-se o desamparo, a falta, a precariedade humana. Afinal, é contra isso mesmo que o narcisismo se ergue, como a outra face da pulsão de morte, da agressividade, então dirigida para fora, para o outro, para o que não aceita ser familiar e igual, para o que insiste na dessemelhança e transforma o estranho em perigoso inimigo. (p. 44)*

O aparelho psíquico de Ferenczi se instaura na ordem da sexualidade, mas antes de tudo como dispositivo para arcar com a castração. A introjeção é o funcionamento defensivo diante do desamparo. "O que se inscreve na castração é uma ameaça que jamais existiu de fato, é pura construção imaginária, mas que metaforiza o que de fato é ameaçador: a finitude, a impotência, o desamparo, a precariedade humana" (p. 45).

Cada investimento de objeto produziria um traço, uma identificação que traria a marca do objeto. A couraça narcísica, capaz de fazer frente à castração, seria constituída por essas identificações, ou melhor, pela história dos investimentos objetais abandonados do sujeito. Unidade corporal, representação da unidade corporal, alteridade e possibilidade de se representar no futuro são os pilares em que o eu é capaz de se fundar. Já aparece aí um esboço das funções egoicas.

Se tomarmos a melancolia como estrutura psicótica, teremos sempre nessa estrutura uma ausência da noção de unidade. A identificação melancólica não interpreta o desejo do objeto. Este é apreendido não na dialética de interpretação do desejo do outro, mas na apropriação mimética. Não se trata de "A partir do outro, eu me faço", mas de "Eu sou o outro". O objeto deixa de ser incerto, duvidoso, ambíguo, para ser tomado na sua concretude objetiva.

O ideal do eu é a interpretação que o sujeito se fez do desejo dos pais em relação a ele, do herói ou da princesa que esses inventores do seu narcisismo esboçaram como imagem da felicidade ou da completude. Enquanto interpretação da fantasia dos pais, esse ideal, ao longo da vida, pode passar por modificações, acertos, desvios etc. Para o melancólico, porém, essa promessa de futuro completo e "feliz" parece fracassar. A capacidade de fantasiar, de se iludir, é justamente aquilo de que o melancólico parece não dispor. É um luxo neurótico, nos diz a autora. Se a possibilidade de fantasiar está descartada, como se representar no futuro, como se projetar mais adiante? No mundo narcísico, o eu ideal parece ocupar o lugar do ideal do eu. Essa inversão afeta diretamente a relação do sujeito com o tempo na sua dimensão de continuidade.

Na melancolia há uma falha no trânsito dos ideais. Resta a dura verdade da castração: a impotência humana, o desamparo, a finitude. Sobre o palco, somente dois personagens: o sujeito e o objeto da identificação (e toda a dor que isso comporta). Não há espaço para a metáfora, o deslizamento de significantes, a ambivalência, a dúvida, a ambiguidade polissêmica. Ali o sentido é único. A palavra não consola, não protege, não disfarça, nem enfeita a castração. Não há futuro pensável que não seja o próprio presente. A singularidade, a marca identificatória do melancólico, é a perda, a morte, a dor.

A função de herdeiro do complexo de Édipo, que insere o sujeito no universo simbólico, parece no mínimo bastante falha, pois justamente o discurso melancólico se apresenta com a pretensão de um discurso unívoco, sem ambiguidade nem ambivalência. Há um discurso de valores morais bastante vigoroso na melancolia, que ataca tanto os neuróticos ingênuos quanto o próprio sujeito. Ele é uma construção de ideal de completude que se quer possível. É nesse sentido que funciona somente como perseguidor, pois exige, sem atenuantes para si e para os outros, ser o objeto completo e autossuficiente que ele atesta poder existir. Ao abandonar o objeto, não se trata de fazer uma identificação por traço, mas de tornar-se o próprio objeto. Sem dúvida, também há algo nesses casos que se diferencia das psicoses delirantes, em que a questão de um eu e um supereu nem se apresenta, mas é aí que a autora acredita estar toda a dificuldade teórica que experimentamos na compreensão da melancolia.

O perdão, a sublimação e o final de análise

De tudo o que foi estudado em torno do sofrimento psíquico, a autora se dispõe a pensar as transformações que culminam no final de análise. Ele seria o momento em que o paciente consegue compreender a sua invenção narcísica: um imaginário constituído a partir do investimento narcísico alheio, apropriando-se dele como certeza de si.

> *Reconhecer o desamparo, o seu e o do próximo; aceitar viver sem a completude; descobrir que é possível viver bem melhor do que até então, e que dá para perdoar, tanto a esse outro quanto a si mesmo. Reconhecer que isso é da ordem do humano e sair do crivo uniformizador narcísico, abrindo mão da onipotência. (pp. 65-66)*

A autora toma o perdão de uma forma muito original, distante da religião e das práticas terapêuticas do pensamento positivo. Ele é tomado como sistema de pensamento, ou melhor, como um sentido sofisticado que gera uma transformação no pensamento. Ele propõe uma solução para a ambivalência, regulando-a e limitando o recurso projetivo da hostilidade, trazendo um novo balanço entre hostilidade e ternura. O novo pensamento que surge é aquele em que no ato de renúncia narcísica tenha incluído a alteridade e aceitado os paradoxos da ambivalência. Para Pinheiro, é fundamental estabelecermos uma articulação entre a perda da certeza de si, apontada como decorrente do trauma, e o perdão do final de análise.

Uma outra visada da autora do final de análise é aquilo que seria da ordem da sublimação, colocada por Freud como única saída da humanidade, sem a qual a barbárie se instalaria. O homem é um ser prematuro e desamparado, e por essa razão torna-se um ser gregário. No entanto, tem um equipamento psíquico, pulsional, incompatível com a vida em sociedade. A pulsão de morte, o princípio do prazer e o egoísmo próprio do narcisismo seriam elementos fatais ao próprio sujeito, de modo que, sem dispositivos como o recalque e a sublimação, ele não seria capaz de sobreviver e muito menos de manter uma vida em sociedade.

Mas a autora reconsidera essas reflexões freudianas sobre o mal-estar na Cultura convocando-nos a pensar um deslocamento da constituição e da função do ideal do eu nas sociedades pós-modernas, sociedades de consumo atuais. Nelas, os objetos são oferecidos como ornamentos fundamentais para construir a imagem do ideal. Este deixa de ser um modelo de como o sujeito deseja ser no futuro e passa a ser o que ele precisa ter para ser uma imagem. A composição do ideal do eu deixa de ser uma imagem que contém uma subjetividade, que contém valores, e se torna mero ícone. Essa sociedade só oferece a possibilidade de idealizações sem necessidade sublimatória. Elas seguem o modelo da identificação melancólica, cujo resultado é o vazio, a depressão, "para os quais a indústria farmacêutica rapidamente oferece outro objeto, que vem em socorro do sujeito prometendo alívio e felicidade" (p. 81). Por isso o esforço todo do livro em redescrever e positivar o que se tem chamado de melancolia e depressão numa polifonia contrária à ideia de uma verdade unívoca que seria o avesso da psicanálise.

Katasztrófák

Esse é o título do penúltimo capítulo, o único inédito, considerando que o último se faz à guisa de uma conclusão. Aqui, Teresa nos deixa um enigma dos mais auspiciosos: articular o conceito de catástrofe, tal como Ferenczi o concebeu para a história filogenética da humanidade com a ontogênese que supõe o título do livro, catástrofe narcísica. *Thalassa: ensaio sobre a teoria da genitalidade* foi publicado em 1924. Um primeiro esboço dele foi feito em 1915, quando Ferenczi estava no *front* como médico na Primeira Grande Guerra. É importante marcar este primeiro esboço porque o manuscrito inédito de Freud sobre a visão de conjunto das neuroses de transferência, encontrado na sua correspondência com Ferenczi, também mostra o interesse de Freud pela teoria lamarckiana quando formula a importância da era glacial para o processo de hominização com surgimento da sociedade humana em torno de um líder primordial. O livro de Ferenczi ganha, cinco anos mais tarde, na edição em húngaro, o título de *Katasztrófák*, que se poderia traduzir por "Catástrofes no desenvolvimento do funcionamento genital: um estudo psicanalítico". O livro apresenta a teoria lamarckiana da diferenciação dos sexos após a primeira catástrofe da emergência dos continentes do mar primordial, a partir da androginia como adaptação à vida na Terra. As catástrofes da evolução da espécie obrigam os animais a se adaptarem, e se repetem na ontogênese e na vida psíquica dos seres humanos. Freud o considerou a obra-prima de Ferenczi, pela sua novidade. Ele é fruto da abordagem aproximativa da teoria filogenética lamarckiana, paixão dos dois, com a psicanálise, estabelecendo um paralelo com o desenvolvimento sexual. Para explicar as origens da vida sexual e descrever a dinâmica do funcionamento psíquico do homem e da mulher, Ferenczi cria o que chamou de bioanálise. Esta é a explicação da vida sexual enfatizando a análise do coito. As catástrofes que determinam a evolução da espécie, sobretudo a catástrofe da emergência dos continentes, estariam relacionadas ao desenvolvimento psíquico do ser humano. Nesse momento primordial, os seres vivos andróginos travam uma luta encarniçada para realizar o acasalamento imposto pelas mudanças do ambiente, dando lugar à existência de dois sexos diferenciados. Segundo Ferenczi, havia necessidade de encontrar uma nova forma de garantir a procriação. Ele faz então a descrição das cinco catástrofes no plano filogenético do aparecimento da vida orgânica à hominização progressiva e aponta os correspondentes processos na ontogenia e periginia. Esse quadro da história do ser vivo sobre a Terra, associado ao desenvolvimento psíquico do homem atual, retoma, de um lado, a ideia do ser andrógino que, em 1920, Freud discute em *Além do princípio do prazer* e, de outro, a relação entre a ontogênese e a filogênese que permite a Ferenczi explicar o caráter da repetição no nível da psique e, portanto, a importância da regressão no interior dela. Essas catástrofes transmitidas biologicamente teriam marcado de forma indelével o psiquismo humano.

Segundo Ferenczi, o coito, expressão da sexualidade genital, reúne um universo complexo de símbolos e traumas, assim como as características das pulsões parciais. O coito tem a capacidade de sintetizar ou reunir todas as pulsões sexuais, de condensar por suas repetições todas as catástrofes que vão da aparição da vida ao nascimento do sujeito. A mulher seria detentora desse meio aquático, que é o símbolo do oceano perdido, assim como do meio líquido da vida intrauterina. É, ao mesmo tempo, o mar de outrora e a mãe que tem no ventre a criança que deve passar pelo trauma do nascimento. Uma mãe thalássica, um nirvana perdido que traz o mar dentro de si. Ferenczi diz que, durante o coito, o homem regride até tornar-se um feto no ventre da mãe, encontrando ali o meio líquido que o engolfa. Imerge de novo no meio aquático, no oceano anterior ao advento dos continentes. Na teoria ferencziana da genitalidade, a umidade da mulher durante o coito é símbolo, para o homem, do útero materno perdido, e este, por sua vez, é símbolo do mar anterior à emergência dos continentes, e não o contrário. Não é o mar – Thalassa – que simboliza a mãe ou a mulher, e sim a mãe que é porta-voz ou portadora do mar de outrora ou, se quisermos, da plenitude perdida. A repetição nesse caso obedece ao princípio do prazer, já que é uma repetição da busca de uma plenitude que, na verdade, jamais existiu. O que Ferenczi acrescenta de fundamental nesse texto é a exigência de uma negação ou, como ele preferiu chamar, de uma alucinação negativa que produz o gozo e a possibilidade simbólica. Podemos pensar na plenitude oceânica perdida como um significante primeiro, de fato inexistente, mas com referente imaginário do antes da catástrofe da emergência dos continentes. A autora sublinha a genial e inovadora compreensão de símbolo neste texto de Ferenczi. É também em *Thalassa* que Ferenczi propõe a originalidade do conceito de anfimixia. Nessa concepção, são as pulsões parciais que ganham destaque e importância, e cabe à genitalidade "a mera função de maestrina e organizadora". A pulsão parcial não é primitiva ou inferior à pulsão genital.

A ternura como antídoto à humilhação

Teresa encerra o livro apresentando a humilhação como a forma extrema do comportamento narcísico e a ternura como o único sentimento não narcísico. A linguagem da paixão daquele que humilha é absoluta, unívoca. Ela abole todas as diferenças e toma o outro como um idêntico, em uma relação narcísica com ele. A linguagem da ternura, por sua vez, é uma linguagem lúdica, em que o inesperado de uma diferença não desperta hostilidade, mas sim encantamento. Ela é da ordem da polissemia e ambiguidade. Ela expande o tempo, como a sublimação. O olhar terno que se encanta com o outro e com a natureza é um antídoto, um sopro de esperança em um universo que se tornou tão violento e que vislumbra uma sexta catástrofe, a do Antropoceno, a ação destruidora do planeta pelo próprio homem.

A leitura deste livro é uma abertura transformadora!

Apresentação

A ideia de reunir estes artigos surgiu de uma demanda constante de colegas e alunos que procuravam pelos textos e não os encontravam, seja porque eram muito antigos, seja porque as revistas não existiam mais. Tentei reunir o mais significativo da produção dos últimos trinta e tantos anos. São trabalhos oriundos de reflexões sobre a clínica que me obrigaram a mergulhar na teoria para tentar esclarecer os impasses clínicos encontrados. Sempre que certo tema, conceito ou articulação aparecia em mais de um texto, foram feitos ajustes no original. Alguns destes artigos contaram com a coautoria de colegas que aceitaram enfrentar esses desafios: Julio Verztman, com quem mantive uma parceria de pesquisa no Núcleo de Estudos em Psicanálise e Clínica da Contemporaneidade (Nepecc) por mais de vinte anos; Diane Viana, que não só trabalhou comigo num dos artigos mais relevantes que escrevi, mas também aceitou ler e reler a coletânea, ajudou a escolher os textos e foi uma incentivadora preciosa nesta empreitada; e Karla Patrícia Holanda Martins e Alexandre Jordão, que foram meus orientandos de doutorado no Programa de Pós-Graduação em Teoria Psicanalítica da Universidade Federal do Rio de Janeiro. A todos eles, o meu muito obrigada. Agradeço ao Ricardo Duarte pelo trabalho de revisão extremamente cuidadoso. Agradeço ainda, e especialmente, aos pacientes da clínica privada e aos do Nepecc, que são a razão de ser destes estudos.

1. Trauma e melancolia[1]

No dia 6 de maio de 1931, quando da comemoração dos 75 anos de Freud, Ferenczi proferiu, na Associação Psicanalítica de Viena, a conferência "Análise de crianças com adultos", em que encontramos a seguinte confissão:

> *Foi, portanto, a contragosto que me resolvi a abandonar os casos mais correntes para tornar-me, pouco a pouco, um especialista de casos particularmente difíceis, dos quais me ocupo agora já lá vai um bom número de anos. Fórmulas tais como "a resistência do paciente é insuperável" ou "o narcisismo não permite aprofundar mais este caso" ou mesmo a resignação fatalista em face do chamado estancamento de um caso, eram e continuam sendo para mim inadmissíveis. Pensava que, enquanto o paciente continua comparecendo, o fio de esperança não se rompeu. Portanto, eu tinha*

1 Uma versão anterior deste texto foi publicada originalmente em 1993 em *Percurso, 10*, 50-55.

> *que fazer-me de forma incessante a mesma indagação: a causa do fracasso será sempre a resistência do paciente, não será antes nosso próprio conforto que desdenha adaptar-se às particularidades da pessoa, no plano do método?* (1931/1992, p. 71)

A escolha dessa citação deveu-se a algumas razões. A primeira delas diz respeito à própria confissão do autor sobre a peculiaridade de sua clínica, que ele mesmo classificou como envolvendo casos particularmente difíceis. Talvez o perfil de seus analisandos o tenha levado a nunca deixar de se colocar perguntas não menos difíceis. Assim, ele rejeita a explicação simplista da época, que pretendia, com o conceito de resistência do analisando, oferecer todas as respostas para as dificuldades ou os fracassos do processo psicanalítico. Ao deslocar a pergunta para o conforto do analista e o método psicanalítico, Ferenczi dá um passo ousado e exercita a própria especificidade da psicanálise, que se faz e se dá na interligação e, por que não dizer, na interlocução entre a teoria e a prática clínica.

Ferenczi foi um teórico da clínica psicanalítica. Seus pacientes lhe impuseram isso. Ele criou teorias sobre a técnica, criticou a si próprio com veemência, mas não desistiu. Até o fim, procurou resolver as questões que os impasses clínicos lhe apontavam. Tais ousadias cobraram um alto preço, o que nos permite hoje não mais nos aventurarmos nos terrenos percorridos por ele. Sem dúvida, porque ele já o fez. Diante das dificuldades de sua clínica, Ferenczi pagou para ver e, por isso, pagou o pato. Comodamente, com a distância do tempo, podemos chamá-lo de ingênuo. Mas não só de ingenuidades ele nos preveniu. De cada uma de suas propostas técnicas, algo ficou e permanece como fundamental para o exercício atual da clínica psicanalítica. E sabemos também que a psicanálise só fará progressos se os psicanalistas não recuarem diante do trabalho com os pacientes psicóticos, os ditos casos-limite, as patologias narcísicas, os grandes somatizadores etc.

A segunda razão que me conduziu à escolha da citação anterior é o fato de que, em paralelo às teorias sobre a técnica, Ferenczi construiu uma teoria do trauma, que percorre toda a sua obra, mas que ganhou contorno mais definido somente nos últimos anos de sua vida. Assim, podemos dizer que os pacientes de Ferenczi – ou, como ele os chamava, os casos difíceis – o obrigaram a produzir tanto uma teoria metapsicológica do trauma como teorias sobre a clínica, buscando uma inteligibilidade para a patologia do trauma e uma possibilidade de condução do tratamento clínico.

Nos últimos anos, um fato me intriga na minha clínica particular: a procura de análise por pessoas de determinada faixa etária que, a despeito da singularidade de suas histórias e demandas, apresentam um quadro clínico em que é possível estabelecer certas semelhanças. As características marcantes entre elas levariam normalmente a pensar em descrições que sempre me pareceram vagas, evasivas, pouco consistentes na argumentação teórica: caso-limite, falso self, personalidade narcísica etc.

Esses pacientes chegam ao consultório levados por uma enorme angústia, que os assaltou sem que soubessem por quê, ou por uma forte depressão. Ao escutá-los, minha atenção é atraída pela total ausência da dimensão de futuro, como se projetar-se no futuro fosse algo impossível para eles. A vida é marcada minuto a minuto, pois do passado nada se lembram, assim como não se lembram dos sonhos, não têm fantasias, nem fazem lapsos. São pacientes que produzem em nós a sensação incômoda de que o instrumental da psicanálise não lhes serve, não lhes cabe. Neles, a questão corporal ganha relevo e dimensão. É em geral algo chamativo pela sua aparente inexistência e por ser, ao mesmo tempo, o objeto de todas as suas queixas. Há neles uma total estranheza em relação ao próprio corpo, como se o corpo não lhes pertencesse, ao mesmo tempo que ele permanece como única prova que têm da própria existência.

Dotados de extrema inteligência e lucidez quase absurda, esses pacientes costumam portar um código moral bastante rígido, que servirá para instrumentar a crítica mordaz que dirigem não só aos outros, mas também e sobretudo a si mesmos. Há neles uma preocupação permanente com a noção de ridículo, no que se refere tanto ao ser ridículo quanto ao próprio ridículo da vida. Assim, a questão da morte não é apenas teorizada, vista sob o ângulo da questão existencial ou como metáfora; é considerada no seu aspecto mais cru e brutal. A morte faz parte do cardápio deles, tanto quanto o feijão com arroz.

Conversando com alguns colegas, constatei que não se tratava de um fenômeno isolado da minha clínica particular, mas de algo bem mais corriqueiro. A questão me intrigou enormemente.

Entre 1980 e 1982, trabalhei num serviço público de atendimento psicoterápico infantil, voltado para a população de baixa renda do Rio de Janeiro. Nessa época, o serviço recebia crianças autistas, crianças psicóticas e crianças cujo amadurecimento precoce me levou a questões muito semelhantes às descritas antes. Lembro que a justificativa que encontrei então, para esses últimos casos, passava pela questão econômica: a precariedade das condições de vida a que essa população estava submetida me pareceu fornecer argumentos bastante convincentes.

As crianças desse serviço e os pacientes adultos de hoje me levam a pensar, atualmente, que a questão metapsicológica apontada por essa problemática nada tem de específica a determinada classe social. Se especificidade há, ela é nacional e permeia as diferentes camadas sociais. Estou convencida de que se trata de um fenômeno brasileiro. Sem dúvida, teríamos uma série de hipóteses a levantar. Por exemplo, o estado de abandono e carência a que foi submetida a população mais pobre do país, num modelo econômico de migração para as capitais que provocou o esfacelamento da malha familiar e o fenômeno do menor abandonado, que nem os países mais pobres da África têm. Também, questões apresentadas por pacientes adultos de classe média e alta nos levam a considerar aspectos que vão desde a vulgarização da psicologia e da psicanálise, que invadiram a escola e a família, até o fato de ser uma geração que viveu sob o regime militar do nascimento à vida adulta. Essas hipóteses, mesmo que não sejam descartáveis, ainda estão sob o puro signo especulativo e exigiriam uma possibilidade de articulação interdisciplinar que estou longe de me julgar capaz de fazer. Penso que seria mais proveitoso se pudéssemos compreender melhor a metapsicologia desses pacientes. Foi nesse sentido que procurei em Ferenczi e Freud alguma pista que me satisfizesse, articulando a teoria ferencziana do trauma à metapsicologia freudiana da melancolia. Minha hipótese é que aquilo que foi chamado, de forma vaga, de caso-limite, falso self ou personalidade narcísica ganha consistência na proposta metapsicológica da melancolia, e que essa última torna-se mais explícita na teoria do trauma. Para expor essa articulação, primeiro apresentarei de maneira bastante resumida a teoria do trauma em Ferenczi, pois uma análise mais aprofundada pode ser encontrada na obra do autor e em outros trabalhos (Pinheiro, 1987, 1989); em seguida, discutirei a abordagem freudiana da melancolia e suas convergências com a teoria do trauma; por fim, trarei para a discussão um texto de Colette Soler sobre a melancolia.

A teoria do trauma em Ferenczi

O desenho final da teoria do trauma na obra de Ferenczi encontra-se sobretudo nos seus últimos textos (1933/1989a, 1931/1992). Para apresentá-la, o autor constrói um mito que tem por eixo a violência sexual de um adulto sobre uma criança. A história seria aproximadamente a seguinte: uma criança procura seduzir um adulto numa linguagem lúdica, que Ferenczi designa como linguagem da ternura (ternura aqui entendida não como ausência de sexualidade, mas como anterior à sexualidade sob o primado do genital); o adulto, por sua vez, não reconhece a linguagem da ternura da criança e a toma como um igual, ou seja, compreende a linguagem da ternura como uma sedução da ordem do genital, gerando assim uma confusão de línguas. A violência sexual em si não aparece aqui como fator traumático, mas como prova real do evento que tem por consequência a identificação com o agressor. Essa identificação, segundo Ferenczi, seria produto não da violência praticada, mas do fato de que o adulto agressor sentiria culpa logo após praticar a violência, e o sentimento de culpa seria incompreensível para a criança. Por conta do enigma da culpa, teria lugar a identificação com o agressor. A historinha contada por Ferenczi continua: a criança vai então à procura de outro adulto que possa dar sentido ao que não fez sentido; esse adulto, por sua vez, não suportando o relato da criança, a desacredita, exigindo de maneira radical e unívoca que o escutado não passe de uma fabulação infantil.

No meu entender, a marca registrada da teoria ferencziana do trauma, assim como toda a sua originalidade, seria atribuir ao descrédito[2] toda a responsabilidade do trauma. O descrédito é aquilo que impede o percurso do processo de introjeção, conceito postulado por Ferenczi em 1909 e que, segundo ele, é a única coisa que a libido sabe fazer.

---

2 Helena Floresta de Miranda (2012) compara o original em alemão com diferentes traduções da obra de Ferenczi (em inglês, em francês e as duas disponíveis em português) e propõe que a noção de *desmentido* em francês e de *negação* em português, no texto "Análise de crianças com adultos", seja traduzida por *descrédito*. Essa proposta, que nos parece a mais adequada, aponta para a dramática violência do trauma.

O descrédito inviabiliza a inscrição psíquica de todo o evento traumático, restando somente uma lembrança sensorial marcada no corpo, como a memória de um computador sem o *software* que a formatou. Trata-se de uma marcação inacessível, porém existente. É de Ferenczi a frase: "Toda vez que o psíquico falha, o corpo começa a pensar" (1990, p. 37). Assim, na falha da conclusão do processo de introjeção, o corpo registra o que o psíquico não pôde registrar.

A metapsicologia da melancolia

Em 1917, Freud apresenta a melancolia em comparação com o luto. Sua proposta é estabelecer a metapsicologia da melancolia em contraponto à do luto. Encontramos aí questões bastante inovadoras no pensamento freudiano. A primeira diz respeito ao conceito de identificação melancólica.

O conceito de identificação na obra freudiana está longe de ter a precisão exigida, o que não nos permite, quando nos deparamos com ele, delimitá-lo, tornando-o o mais unívoco possível (proposta de todo teórico no manejo dos conceitos). Ao contrário, o termo *identificação* foi empregado por Freud nas mais diversas acepções – e pior: obedecendo às metapsicologias mais díspares. Inegavelmente, o conceito de identificação melancólica é a prova mais cabal dessa imprecisão conceitual.

Até 1917, podemos dizer que o conceito de identificação parece indicar o próprio modo de funcionamento libidinal do aparato psíquico, seja no que se refere à produção fantasmática da histérica, seja na concepção de identificação atrelada à transferência, seja na identificação apontada na interpretação dos sonhos ou no chiste. O que parece evidente então é que o conceito de identificação se constitui como a própria explicitação do modo de funcionamento do aparato, obedecendo à norma principal do narcisismo de tornar semelhantes as diferenças. Assim, as inscrições psíquicas se relacionariam com a circulação libidinal. Esta, regida pelo princípio do prazer e pelo narcisismo, teria como própria condição o processo de identificação.

Ao contrário da identificação histérica ou da constituição da subjetividade feita por traços, a identificação melancólica é, segundo Freud, a sombra do objeto que caiu sobre o eu. Nesse caso, portanto, é como se a identificação trouxesse o objeto *in totum*, em bloco. Na ausência da dialética identificatória feita por traços, o objeto torna-se, por assim dizer, um posseiro que ocupa o espaço egoico, num projeto mimético ou metonímico levado ao extremo. É como se a identificação perdesse a possibilidade de se apropriar do objeto subjetivamente, só podendo fazê-lo objetivamente.

O pressuposto de Freud é que a identificação melancólica tem por origem a perda do objeto, e essa perda não é localizável como no luto, em que ela é datada, falada e explícita. A noção de objeto perdido na melancolia faz pensar em *Alice através do espelho*, quando a protagonista, após ler o poema "Jabberwocky", conclui que a única ideia clara que extraiu do texto foi que alguém matou alguma coisa.[3] Na melancolia, algo foi perdido. O que é, não se sabe, mas de uma coisa se pode ter certeza: perdeu-se a própria possibilidade da subjetividade de se constituir dialeticamente.

Embora algo tenha se perdido na melancolia, tudo parece estar no devido lugar. Aparentemente, há uma constituição do aparato egoico cuja inadequação, em geral, é fácil verificar na psicose. O melancólico parece ter um supereu chamado por Freud de cruel. Se o futuro está ausente, há, no entanto, um encadeamento lógico,

---

3 Essa passagem de *Alice através do espelho* foi utilizada por Piera Aulagnier no artigo "Quelqu'un a tué quelque chose" (1985). A autora reporta o leitor à tradução francesa de Henri Parisot. Não encontramos a mesma passagem na tradução brasileira de Sebastião Uchoa Leite.

no seu discurso, para essa ausência. É que o melancólico, ao contrário do neurótico, parece siderado pela castração. Diante dela, ele não recua, mas a olha de frente, sem aparentar qualquer receio. Desprovido da capacidade de se iludir, o melancólico se agarra ao ridículo da vida, não para rir dela e de si próprio, e sim para acusá-la e acusar-se.

O segundo aspecto a ser ressaltado na metapsicologia da melancolia diz respeito ao conceito de clivagem, assim descrito por Freud:

> *Vemos que [no melancólico] uma parte do eu se contrapõe à outra, a aprecia criticamente, a toma como objeto, por assim dizer. E todas as nossas observações ulteriores confirmarão a suspeita de que a instância crítica, clivada do eu nesse caso, também poderia demonstrar sua autonomia em outras circunstâncias. (1917/1984a, p. 245)*

A clivagem melancólica, portanto, separa de maneira radical, em dois, o campo egoico, um lado tomando o outro com a estranheza de um objeto. Trata-se de uma divisão em que as partes se ignoram, não se comunicam, nada trocam entre si, não se influenciam, não são capazes de se afetar mutuamente. Em "Luto e melancolia" (1917/1984a), Freud descreve a identificação melancólica como análoga às primeiras identificações narcísicas. Ele retoma a questão em 1923, no texto *O eu e o isso*, sem qualquer alteração. Neste último trabalho, porém, é mais explícito: essas identificações não só serão responsáveis pela formação do caráter, mas serão sobretudo a matéria-prima do supereu.

Nesse momento da segunda tópica da obra freudiana, a mudança temática coloca em primeiro plano o conceito de eu, que de alguma maneira tinha sido posto entre parênteses na primeira tópica com o texto "Introdução ao narcisismo" (1914/1984b). O eu da segunda tópica inclui tanto o sistema inconsciente quanto o sistema pré-consciente/consciente. Era preciso dar um estatuto metapsicológico consistente ao narcisismo.

A ideia de Freud é atribuir a origem do supereu às primeiras identificações que compõem o eu ideal. Essas identificações seriam, portanto, feitas no modelo da oralidade, análogas ao princípio canibal do totemismo.

Ora, que o eu ideal, onde o supereu teria sua origem, pertence ao sistema inconsciente é não só obvio, mas metapsicologicamente necessário. Contudo, há algo intrigante na analogia proposta por Freud entre a identificação narcísica e a identificação melancólica. Estaria ele pondo no mesmo plano a representação-coisa e o objeto perdido da melancolia? Tudo indica que sim, o que não deixa de ser problemático. E a questão se complica ainda mais ao percebermos que Freud entende a identificação do melancólico como o que ele chamou de supereu cruel.

Um primeiro problema aí, a meu ver, é que na melancolia esse supereu pretende ser consciente. Se nada se sabe do que foi perdido, a crítica cruel, a ausência de autoestima e a autoacusação do melancólico nada têm de inconsciente, pelo contrário. É claro que o texto do melancólico sobre si próprio leva a pensar na consciência moral, mas o próprio Freud alerta de maneira categórica: esse texto se dirige, na verdade, ao objeto perdido que precisou ser mantido idealizado. É possível pensar na identificação do melancólico como produtora de um supereu?

Freud e Ferenczi

Se tomamos a teoria ferencziana do trauma sob a ótica da metapsicologia da melancolia freudiana, podemos dizer que a identificação com o agressor em nada difere da descrição da identificação melancólica. Por meio da análise de Maria Torok (1968/1995), é possível estabelecer a diferença metapsicológica entre a identificação melancólica ou com o agressor e as outras identificações. Seu argumento principal se baseia no conceito de introjeção. Torok toma esse conceito tal qual ele foi formulado por Ferenczi em 1909, ou seja, como processo psíquico, o próprio modo de funcionamento da libido, enquanto a identificação melancólica ou com o agressor seria produto de um mecanismo de defesa quando a introjeção não pode ser realizada. Diante da diferença metapsicológica dos dois mecanismos, Torok propõe chamar a identificação melancólica de incorporação, em contraposição à introjeção.

Para Ferenczi, a identificação com o agressor também estabelece uma clivagem em que as partes não se comunicam por diferença de linguagem. A parte identificada com o agressor detém a linguagem da paixão, e a outra parte, ignorada, detém a linguagem da ternura. Se alguma alusão é feita por Ferenczi de que o agressor seria o representante do supereu, há, no entanto, uma total inversão na proposta metapsicológica de Freud no que tange à identificação narcísica. Na metapsicologia do trauma, o que foi colocado no limbo foi justamente o eu da ternura – foi ele que perdeu a vez e a voz.

Portanto, na teoria do trauma, é incompatível pensar as primeiras identificações como correlatas à identificação com o agressor. Nessa abordagem de Ferenczi, também se torna mais evidente a fragilidade narcísica da metapsicologia do traumatizado. Isso porque, na teoria do trauma, é a própria organização da couraça narcísica que se vê desmantelada com a identificação com o agressor.

Ferenczi atribui ao descrédito a condição necessária para a metapsicologia do trauma. O descrédito impediria a inscrição psíquica, ou seja, a realização do processo de introjeção (condição de constituição da subjetividade), provocando com isso tanto uma marcação no corpo como o mecanismo de defesa da identificação com o agressor.

A questão do que chamei de sideração do melancólico diante da castração não encontra, no entanto, qualquer subsídio na metapsicologia do trauma de Ferenczi (salvo se pudermos aprofundar o que ele chamou de progressão traumática ou sabedoria do traumatizado), nem na formulação de Freud sobre a melancolia. Na obra freudiana, convém lembrar que talvez a construção da metapsicologia do fator-surpresa, considerado por ele traumático em *Além do princípio do prazer* (1920/1984c), nos dê subsídios complementares. Penso, porém, que a argumentação de Colette Soler sobre a melancolia é bastante esclarecedora a esse respeito.

A melancolia e a castração

A proposta de Soler no texto "Pérdida y culpa en la melancolía" (1989/1991) é extremamente rica sob vários aspectos, mas o principal deles é tomar como eixo a foraclusão (conceito postulado por Lacan que visa dar inteligibilidade à metapsicologia das psicoses). Esse conceito, resumido de maneira bastante simplista, seria a recusa da inscrição da castração. Não se trata, portanto, de uma não inscrição qualquer, mas especificamente da ausência da inscrição estruturante da castração. Soler verá a questão do melancólico se desencadeando não só pelo encontro com um pai, mas pelo encontro com a perda. Essa perda, segundo a autora, está para além do sentimento de perda: é da ordem de fenômenos de mortificação reais.

Há alguns anos, o escritor William Styron (1990/1991) publicou um livro autobiográfico sobre a depressão melancólica, um dos relatos mais precisos sobre o assunto:

> *Normalmente, no entanto, dolorosamente voltadas para o interior, as vítimas da depressão tornam-se perigosas para elas mesmas. De um modo geral, a loucura*

> *da depressão é a antítese da violência. É uma tempestade, sem dúvida, mas uma tempestade de sombras. [...] Na verdade, essas fantasias terríveis [sobre a morte], que provocam arrepios nas pessoas sãs, para a mente deprimida são como os sonhos lascivos das pessoas sexualmente saudáveis. [...] A aguda sensação de perda está ligada à certeza de que a vida foge de nós a grande velocidade. (p. 53)*

Parafraseando Freud, Soler diz que "a sombra da morte caiu sobre o sujeito" (1989/1991, p. 35); o texto de Styron mostra o quanto isso é verdade. Soler propõe abordar a metapsicologia da melancolia sob a ótica da articulação: linguagem-castração e foraclusão. Sua análise, como veremos na citação a seguir, retoma a questão da negatividade e sua relação com o acesso ao simbólico, em que a representação-palavra ganha autonomia em relação à coisa, assim como a implicação dessa função de negatividade com a castração:

> *É preciso partir do que Lacan enfatizou: a negatividade essencial da linguagem, que procede ao assassinato da coisa. A linguagem, que introduz a falta no real, que implica uma subtração de vida, condiciona nesse sentido, para todo falasser, uma virtualidade melancólica. O nome dessa negativização, tal como revelada pela neurose, é castração. [...] Com efeito, trata-se de uma mutilação do gozo, mas uma mutilação parcial e, além disso, compensada: é uma perda que demanda uma "condição de complementaridade", promovendo esta ao objeto, precisamente, em seu valor compensatório. [...] Na melancolia, observa-se que a instância da perda foi desencadeada e absolutizada. A inércia estuporosa do melancólico não é outra coisa que o estado de um*

> *sujeito para quem a condição de complementaridade já não funciona, e que cai sob a ação exclusiva da negatividade da linguagem. O laço com a foraclusão se deixa adivinhar: o que retorna no real é a castração foracluída. (pp. 35-36)*

Alguns aspectos merecem ser ressaltados na postulação de Soler. O primeiro deles é a questão da perda absolutizada na melancolia. É como se essa perda tivesse provocado um dano irreparável, de modo que nenhuma ilusão compensatória pudesse vir em socorro do melancólico. Diante da perda, ele se imobiliza, se desencanta com a vida. A perda, na condição de absoluta, parece transmitir seu atributo a tudo na vida do melancólico. Só há lugar para a perfeição absoluta, que é inatingível, ou para a imperfeição também absoluta. O melancólico não tem meio-termo: ou tudo, ou nada. Como o tudo é impossível, só lhe resta o nada. O melancólico, como diz Soler, parece ter isolado a negatividade da linguagem, desconsiderando a sua função dialética. A dedução a partir daí é que o que retorna do real é a castração foracluída.

Portanto, o que parece sideração diante da castração, ou lucidez do melancólico, seria nada mais que a tentativa de inscrever a castração que escapou da possibilidade de introjeção, conforme a metapsicologia ferencziana do trauma.[4]

Neste texto, procurei apresentar algumas ideias ligando autores de diferentes épocas e escolas, o que torna o problema nem simples nem fácil. Será preciso considerar detalhadamente as questões levantadas e outras nem citadas. Assim, este é um esboço de um trabalho ainda em andamento. Espero, entretanto, que as questões

4 A proposta da minha tese de doutorado (Pinheiro, 1987) foi exatamente a de estabelecer uma metapsicologia para a teoria do trauma na obra de Ferenczi.

aqui indicadas produzam no leitor as mesmas inquietações e perguntas que há alguns anos despertam em mim.

Referências

Aulagnier, P. (1985). Quelqu'un a tué quelque chose. *Topique*, *35-36*, 265-295.

Ferenczi, S. (1989a). Confusão de língua entre os adultos e a criança. In S. Ferenczi, *Escritos psicanalíticos: 1909-1933* (J. Bastos & A. Telles, Trads., pp. 347-356). Taurus. (Trabalho original publicado em 1933).

Ferenczi, S. (1989b). Transferência e introjeção. In S. Ferenczi, *Escritos psicanalíticos: 1909-1933* (J. Bastos & A. Telles, Trads., pp. 29-60). Taurus. (Trabalho original publicado em 1909).

Ferenczi, S. (1990). *Diário clínico* (A. Cabral, Trad.). Martins Fontes.

Ferenczi, S. (1992). Análise de crianças com adultos. In S. Ferenczi, *Obras completas* (A. Cabral, Trad., Vol. 4, pp. 69-83). Martins Fontes. (Trabalho original publicado em 1931).

Freud, S. (1984a). Duelo y melancolía. In S. Freud, *Obras completas* (J. L. Etcheverry, Trad., Vol. 14, pp. 235-256). Amorrortu. (Trabalho original publicado em 1917).

Freud, S. (1984b). Introducción del narcisismo. In S. Freud, *Obras completas* (J. L. Etcheverry, Trad., Vol. 14, pp. 65-98). Amorrortu. (Trabalho original publicado em 1914).

Freud, S. (1984c). Más allá del principio de placer. In S. Freud, *Obras completas* (J. L. Etcheverry, Trad., Vol. 18, pp. 1-62). Amorrortu. (Trabalho original publicado em 1920).

Freud, S. (1984d). El yo y el ello. In S. Freud, *Obras completas* (J. L. Etcheverry, Trad., Vol. 19, pp. 1-66). Amorrortu. (Trabalho original publicado em 1923).

Miranda, H. F. (2012). Confusão das línguas: eficiência e deficiências da tradução. In J. Verztman, R. Herzog, T. Pinheiro & F. Pacheco-Ferreira (Orgs.), *Sofrimentos narcísicos* (pp. 39-48). Nepecc; Cia. de Freud.

Pinheiro, T. (1987). *La théorie du trauma dans l'œuvre de Sándor Ferenczi: du concept d'introjection à la cure* (Tese de Doutorado). Universidade de Paris 7.

Pinheiro T. (1989). A teoria do trauma ferencziano. *Revista de Psicologia & Psicanálise*, *1*, 47-58.

Soler, C. (1991). Pérdida y culpa en la melancolía. In C. Soler, *Estudios sobre las psicosis* (I. Agoff, Trad., pp. 33-44). Manantial. (Trabalho original publicado em 1989).

Styron, W. (1991). *Perto das trevas* (A. S. Rodrigues, Trad.). Rocco. (Trabalho original publicado em 1990).

Torok, M. (1995). Doença do luto e fantasia do cadáver saboroso. In N. Abraham & M. Torok, *A casca e o núcleo* (M. J. R. F. Coracini, Trad., pp. 215-236). Escuta. (Trabalho original publicado em 1968).

2. Algumas considerações sobre o narcisismo, as instâncias ideais e a melancolia[1]

As coisas devem ser melhores para a criança do que foram para seus pais, ela não deve estar sujeita às necessidades que reconhecemos como dominantes na vida. Doença, morte, renúncia à fruição, restrição da própria vontade não devem vigorar para a criança, tanto as leis da natureza como as da sociedade serão revogadas para ela, que novamente será centro e âmago da Criação. His Majesty the Baby, *como um dia pensamos de nós mesmos. Ela deve concretizar os sonhos não realizados de seus pais, tornar-se um grande homem ou herói no lugar do pai, desposar um príncipe como tardia compensação para a mãe. No ponto mais delicado do sistema narcísico, a imortalidade do eu, tão duramente acossada pela realidade, a segurança é obtida refugiando-se na criança. O amor dos pais, comovente e no fundo tão infantil, não é outra coisa senão o narcisismo dos pais renascido, que na sua transformação em amor objetal revela inconfundivelmente a sua natureza de outrora.*

Sigmund Freud, "Introdução ao narcisismo"

1 Uma versão anterior deste texto foi publicada originalmente em 1995 em *Cadernos de Psicanálise*, 12(15), 20-28.

Em *Totem e tabu*, de 1912-1913, Freud apresenta os subsídios para pensar a onipotência narcísica por meio da concepção de um poderoso chefão da horda primitiva. Mas é no texto "Introdução ao narcisismo", de 1914, que o conceito aparece pela primeira vez costurado, mostrando não mais o narcisismo conquistado pela força bruta das "tribos primitivas", mas pela civilização humana, como uma invenção de dois adultos, os pais da criança ou aqueles que se ocupam dela – como indicado na epígrafe.

Totem e tabu inova por descentrar o pensamento freudiano de uma construção teórica em que o trabalho do aparelho psíquico é ditado pela pulsão. Até então o corpo teórico da psicanálise parecia se ater a uma visão em que a produção do desejo era quase autônoma, pura exigência pulsional. No texto de 1912-1913, o foco volta-se para as imposições da sociedade ao aparelho psíquico. Dirigindo o olhar para os imperativos da cultura, Freud teve que se haver com o recalque não mais como *fait accompli*, mas como um longo e complexo processo de assimilação.

É a imposição social, avessa ao princípio do prazer, que obriga esse aparelho a um complexo trabalho de reordenação, cindindo-o em dois e também exigindo-lhe a montagem de uma sofisticada organização egoica, compreendendo uma pluralidade de eus que funcionam como meios necessários à aceitação da castração. Sejamos mais explícitos: é como se, a partir da invenção do narcisismo, fruto da projeção do narcisismo dos pais sobre o filho, fosse criada no sujeito em emergência uma onipotência sem fendas ou falhas – uma ideia de completude perdida pelos pais e reeditada na criança.

Esse eu narcísico, portanto, nasce de uma ficção, montada na fantasia de um objeto complementar que traria a plenitude perdida, análoga à fantasia que recobre o objeto da paixão.

É a partir da projeção do narcisismo de um adulto que o *infans* pode se apropriar do narcisismo desse adulto e se pensar como completo e não desamparado. Esse modelo imaginário tem origem na construção fantasmática feita por cada um dos pais com base em seu próprio narcisismo, narcisismo esse que é projetado no filho e inventa nele o mesmo modelo de completude e onipotência.

Podemos então dizer que o sujeito se equipa de um arsenal de eus que lhe servirão como condição mínima para se submeter à falta imposta pela castração. A esses eus, Freud se refere como ideais: um eu ideal, construído imaginariamente a partir da ideia de uma plenitude perdida (narcisismo projetado pelos pais) – uma infância como a descrita por Freud, que teria podido realizar os votos desses pais, ao menos no antigamente de cada um –, e um ideal do eu, que assegura uma plenitude a ser alcançada. Portanto, somente o eu do presente ou do passado próximo e do futuro próximo estaria sob a égide da castração. No passado remoto, ela era desconhecida e, no futuro, será eliminada.

A construção do narcisismo

Para a concepção de Freud do narcisismo, a contribuição de Ferenczi foi sem dúvida fundamental e pode, portanto, nos ser de grande valia em sua compreensão hoje. É possível dizer sem receio que, nessa época, os dois autores trabalhavam a quatro mãos. Era preciso construir teoricamente uma boa resposta às questões levantadas por Jung, que descartava a importância da sexualidade como ordenadora do aparato psíquico.

O conceito de introjeção, postulado por Ferenczi em 1909, é indicado como primeiro movimento psíquico (Pinheiro, 1995). Ele traria um esboço de formação egoica, sem que essa instância tivesse sido sequer vislumbrada. Seria a partir do movimento megalômano da libido de apropriar-se de tudo, de a tudo unir-se, que o psiquismo se manifestaria pela primeira vez. Essa força libidinal viria responder ou fazer frente à questão da própria precariedade humana, que parece inevitável; viria responder à luta entre a vida e a morte, com a qual se depara o recém-nascido; seria o reverso da ação da pulsão de morte.

A fundação do edifício egoico parece possível somente por meio da libido e, por conseguinte, por aglutinação, apropriação de tudo, homogeneização dos componentes, transformação do estranho em familiar. Eliminar diferenças, tornar semelhante, derrubar barreiras, tapar vazios, transformar enigmas em obviedades, assim é a libido, assim é o narcisismo. Fazer do outro eu próprio, do misterioso o mais claro, pasteurizando as diferenças. Desse modo, torna-se possível a onipotência tão decantada do narcisismo. Espanta-se o desamparo, a falta, a precariedade humana. Afinal, é contra isso mesmo que o narcisismo se ergue, como a outra face da pulsão de morte, da agressividade, então dirigida para fora, para o outro, para o que não aceita ser familiar e igual, para o que insiste na dessemelhança e transforma o estranho em perigoso inimigo. Em textos de 1909 e 1912, Ferenczi ainda não dispunha do conceito de narcisismo, introduzido por Freud somente em 1914, mas já é dele que fala. O processo de introjeção vem a ser um movimento libidinal de inclusão de tudo o que for passível de ser incluído no psiquismo naquele momento; um movimento que em nada se diferencia do narcísico, movimento totalizante em que a apropriação das qualidades do objeto funciona como possibilitadora da apropriação do sentido, que compõe com o objeto as bases identificatórias do que mais tarde formará o aparato egoico como um todo.

Construímos o edifício narcísico para um dia sermos capazes de aceitar a castração. Podemos ler a postulação ferencziana da introjeção já como funcionamento defensivo diante da castração, do desamparo. Representar, fantasiar, identificar-se seriam os dispositivos de que disporíamos para tapar a falta e o desamparo. Troca-se a coisa pela representação, o horror do desamparo pela quimera. Esse aparelho psíquico de Ferenczi se instaura na ordem da sexualidade, mas antes de tudo como dispositivo para arcar com a castração. O que se inscreve na castração é uma ameaça que jamais existiu de fato, é pura construção imaginária, mas que metaforiza o que de fato é ameaçador: a finitude, a impotência, o desamparo, a precariedade humana.

A inserção no tempo, a dimensão de passado, presente e futuro oferecida pela noção de vida como espaço de tempo entre o dia do nascimento e a data ignorada da morte, essa temporalidade que traz embutida a finitude, a impotência, vem no duro pacote da castração, mas é aceita sob a condição de que o passado seja de plenitudes e no futuro esteja a segurança da "felicidade".

Portanto, a castração seria aceita entre aspas. O sujeito barrado constrói um arsenal imaginário em que essa castração é meramente circunstancial. Estão aí a ilusão ou a capacidade de se iludir, a montagem fantasmática, a possibilidade de se representar no futuro, a construção imaginária de um passado sem fendas e falhas, que podem fazer frente ao desamparo. Essa miragem de completude funciona como colchão nas horas amargas da neurose. No entanto, os recursos complexos e sofisticados dessa montagem plural de eus parecem fracassar na melancolia, como veremos adiante.

A construção do eu

Freud (1923/1984d) afirma que o eu é um eu corporal, não é somente um ser de superfície, mas é ele mesmo uma superfície, a projeção mental da superfície do corpo. Diz ainda que o eu se constrói como um precipitado de identificações, ou seja, como o resultado ou o conjunto de marcas de cada investimento objetal abandonado. Cada investimento de objeto produziria um traço, uma identificação que traria a marca do objeto. A couraça narcísica, capaz de fazer frente à castração, seria constituída por essas identificações, ou melhor, pela história dos investimentos objetais abandonados do sujeito.

A unidade corporal projeta um limite de superfície necessário. É a representação dessa imagem corporal, ou a ideia de limite ou superfície corporal, que fundaria o eu. O que garante a noção de alteridade é a representação de uma unidade corporal. Dessa noção de alteridade e investimento das figuras parentais sobre a imagem corporal, nasce o eu. Narcisismo e eu estão assim atrelados, e tudo o que Lacan escreveu sobre o tema é fundamental para compreender o assunto. A ideia do estádio do espelho é apontar para a prematuridade do ser humano, que se reconhece como unidade corporal antes que a sua motricidade esteja amadurecida. Vemos aí, no bebê humano, tanto a faculdade de reconhecer no adulto um semelhante quanto a faculdade de antecipar, que será tão importante na função egoica. Mas tanto uma quanto a outra podem ser entendidas como resultantes do investimento narcísico dos pais, a primeira pelo olhar, e a segunda pelo projeto de futuro que, desde antes do seu nascimento, já estava endereçado à criança. Unidade corporal, representação da unidade corporal, alteridade e possibilidade de se representar no futuro são os pilares em que o eu é capaz de se fundar. Já aparece aí um esboço das funções egoicas. Diante do investimento do olhar dos pais, e tendo uma pré-história nas fantasias narcísicas reparadoras ou indenizatórias que eles construíram, o eu se funda na alteridade e, por conseguinte, por meio da unidade corporal, que lhe dá o limite entre o fora e o dentro. Por meio dessa imagem de unidade, ele se povoa com os laços de investimentos de objeto, os quais, abandonados, deixam seu rastro nos traços que compõem a couraça narcísica ou o precipitado de identificações, como preferirmos. Esse precipitado de identificações diz respeito às identificações histéricas, cujo modelo está na interpretação do desejo do objeto. Podemos dizer que, em Freud, a constituição do aparelho psíquico obedece aos preceitos e aos conceitos que foram necessários para compreender a histeria. O modelo de constituição do aparelho psíquico, em Freud, é um modelo histérico de maneira geral, e mesmo a formulação de outros conceitos, como identificação melancólica e pulsão de morte, não vai alterar sua concepção de construção narcísica.

Em 1920, em *Além do princípio do prazer*, Freud fala sobre como o eu terá também por função o poder de síntese e sobretudo o de ser capaz de se representar antecipadamente o futuro. Guardião da vida e do perigo da castração, o eu se monta contra a surpresa e a ignorância.

O eu melancólico

Se, como vimos antes, o eu é a projeção mental da superfície do corpo, ou seja, é a representação dessa unidade corporal que o funda, podemos dizer que essa função está longe de ser assegurada pelo eu melancólico. Até aí, nada demais, pois, se tomarmos a melancolia como estrutura psicótica, teremos sempre nessa estrutura uma ausência da noção de unidade. O problema, no entanto, não é tão simples assim. A melancolia está longe de se enquadrar nas premissas básicas do modelo da estrutura psicótica. E, mesmo que a noção de unidade corporal fracasse na melancolia, há diferença em relação à ausência dessa unidade nas psicoses em geral. Na melancolia, encontramos a noção de uma representação corporal incapaz de se sustentar no tempo. É como se, num determinado momento, essa representação fizesse falência e uma angústia enorme ocupasse sua função de alarme.

A hipótese de nossa pesquisa atual é considerar a melancolia uma estrutura à parte, que engloba as personalidades narcísicas, os casos-limite, os somatizadores etc., além dos casos graves de melancolia. Se nossa hipótese estiver correta, há nessas patologias soluções para a precariedade da representação corporal, por meio da prática de exercícios corporais em excesso (até fazer o corpo doer e, pela dor, ter presentes os limites corporais) ou da busca urgente do espelho de um semelhante que devolva a unidade corporal – por exemplo, as práticas de promiscuidade de alguns homossexuais masculinos, que atenderiam a uma urgência de angústia. Na verdade, tanto os exercícios físicos excessivos, em que o contorno do corpo é sentido pela dor ou pela visão dos espelhos das academias de ginástica, quanto as saunas para alguns homossexuais masculinos respondem à mesma necessidade de restauração ou recuperação da representação corporal em falência.

Uma segunda questão que se apresenta é a concepção do eu como um precipitado de identificações. No texto "Luto e melancolia", Freud afirma que a principal característica da metapsicologia da melancolia seria o fato de que "a sombra do objeto caiu sobre o eu" (1917/1984a, p. 246). Podemos até nos perguntar se, na melancolia, é realmente a perda do objeto que promove todo o dano, como Freud aponta nesse texto, mas não há dúvida de que é a ausência de investimentos de objetos (no plural) o que encontramos na melancolia. Parece que ali se trata do objeto, de um objeto que, por ser único, manteria um estatuto bastante peculiar. Esse eu está longe de poder ser caracterizado como um precipitado de identificações. Ele é o palco onde se desenrola permanentemente o drama de uma única relação objetal. Dessa identificação com o objeto, foi possível forjar uma aparência de eu e supereu. Obviamente, essa identificação nada tem a ver com a identificação por traço da metapsicologia da histeria. A identificação melancólica não interpreta o desejo do objeto. Este é apreendido não na dialética de interpretação do desejo do outro, mas na apropriação mimética. Não se trata de "A partir do outro, eu me faço", mas de "Eu sou o outro". O objeto deixa de ser incerto, duvidoso, ambíguo, para ser tomado na sua concretude objetiva.

Que ideal do eu é esse da melancolia?

O ideal do eu – construção necessária, como vimos, para a aceitação da castração – funciona como miragem no futuro, um futuro em que a promessa de completude é depositária de toda a esperança do sujeito. Essa miragem se altera, está sempre mais à frente, num amanhã nunca alcançado. O ideal do eu é a interpretação que o sujeito se fez do desejo dos pais em relação a ele, do herói ou da princesa que esses inventores do seu narcisismo esboçaram como imagem da felicidade ou da completude. Enquanto interpretação da fantasia dos pais, esse ideal, ao longo da vida, pode passar por modificações, acertos, desvios etc. Para o melancólico, porém, essa promessa de futuro completo e "feliz" parece fracassar.

Podemos retomar o que foi dito antes sobre a representação corporal e a capacidade de antecipação serem fundadoras do eu e do imaginário. Creio que todos concordarão que a faculdade de representar o que está ausente é condição *sine qua non* para se fantasiar. Creio que todos também concordarão que a capacidade de fantasiar, de se iludir, é justamente aquilo de que o melancólico parece não dispor. É um luxo neurótico. Se a possibilidade de fantasiar está descartada, como se representar no futuro, como se projetar mais adiante?

Na melancolia, o dispositivo egoico de eus ideais parece estar em falta. Resta a dura verdade da castração: a impotência humana, o desamparo, a finitude. Sobre o palco, somente dois personagens: o sujeito e o objeto da identificação (e toda a dor que isso comporta). Não há espaço para a metáfora, o deslizamento de significantes, a ambivalência, a dúvida, a ambiguidade polissêmica. Ali o sentido é único. A palavra não consola, não protege, não disfarça, nem enfeita a castração. Não há futuro pensável que não seja o próprio presente. A singularidade, a marca identificatória do melancólico, é a perda, a morte, a dor. É sob esses parâmetros identificatórios que o sujeito melancólico se reconhece. A música "De mais ninguém" (Monte, 1994) poderia servir de hino do melancólico – se ele não pode ficar com o investimento narcísico dos pais ao qual tinha direito, resta a dor da perda do objeto ou da perda da libido:

> *Se ela me deixou, a dor*
> *É minha só, não é de mais ninguém. [...]*
> *Se ela me deixou a dor é minha,*
> *A dor é de quem tem.*
> *É o meu troféu, é o que restou,*
> *É o que me aquece sem me dar calor.*
> *Se eu não tenho o meu amor,*
> *Eu tenho a minha dor.*

O perseguidor

O ideal do eu da melancolia passa a ser não uma possibilidade de ilusão de completude, mas uma imagem fixa, tangível, que, em vez de funcionar como promessa de felicidade futura, funciona como o que humilha no presente. Se o melancólico não é esse objeto que ele imagina sem fendas e perfeito, digno de adoração e não de idealização, então ele deve ser atacado de todas as formas. Assim, está garantido ao objeto o lugar de adorado, e não de faltante e perseguidor. O perseguidor passa a ser o próprio "ideal do eu" que o melancólico se forjou. Seria o agressor da teoria do trauma de Ferenczi, o qual, não podendo ser introjetado, acaba sendo incorporado. A noção de presente, passado e futuro, que as instâncias ideais asseguram, também fica abalada: o passado é depositário de toda a decepção, perda e ferida; o presente é vivido sem projetos, minuto a minuto; e o futuro parece impensável, irrepresentável. O tempo do melancólico só comporta o presente e o passado como gênese da dor.

Em "Doença do luto e fantasia do cadáver saboroso" (1968/1995), Maria Torok faz um paralelo entre a teoria do trauma de Ferenczi e a metapsicologia da melancolia de Freud, e afirma que a própria noção de eu deve ser repensada nessas duas propostas metapsicológicas. Ferenczi fala de uma progressão traumática como saída diante do trauma. Essa saída consistiria em se forjar um eu quando ele ainda é mero núcleo ou esboço, como se o traumatizado inventasse um aparelho egoico por meio da "identificação com o agressor adulto" ou da apropriação da "sombra do objeto", e com isso inventasse também um aparente supereu. De todas as definições que o supereu ganhou ao longo da obra freudiana, poucas podem ser percebidas nessa ordenação psíquica melancólica. A função de herdeiro do complexo de Édipo, que insere o sujeito no universo simbólico, parece no mínimo bastante falha, pois justamente o discurso melancólico se apresenta com a pretensão de um discurso unívoco, sem ambiguidade nem ambivalência. Na concepção melancólica, o mundo pode ser facilmente dividido em compartimentos estanques, em que o certo, o justo, o belo ou o verdadeiro jamais se confundem nem se misturam com o errado, o injusto, o feio ou o falso. Um supereu híbrido está fora de questão diante de uma clivagem feita de concreto, que não deixa passar nada. Cai por terra toda a possibilidade de pensar o supereu como sendo em grande parte inconsciente.

A ordenação maniqueísta típica do discurso melancólico surge como consciência moral, e parece ser a faceta mais próxima do que Freud chamou de supereu cruel, pois sem dúvida há um discurso de valores morais bastante vigoroso na melancolia, que ataca tanto os neuróticos ingênuos quanto o próprio sujeito. Contudo, o texto imperativo que Freud chamou de supereu cruel aparece sempre com um sujeito indeterminado. Não se trata de uma autoacusação, como poderíamos pensar, na qual o sujeito é capaz de se acusar enunciando a frase em que ele se denomina; antes, é sempre um enunciado de sujeito indeterminado. Não é nunca "Eu não valho nada", mas "Quem faz isso não vale nada". O texto é imperativo, cruel, porém a impossibilidade de afirmação do eu também é clara e evidente. Funciona como uma metralhadora giratória, que está longe de ter uma função de contraponto ao princípio do prazer ou ao desejo inconsciente. Ele é uma construção de ideal de completude que se quer possível. É nesse sentido que funciona somente como perseguidor, pois exige, sem atenuantes para si e para os outros, ser o objeto completo e autossuficiente que ele atesta poder existir. É por isso que acredito ser impossível falar de um supereu ou de um eu na melancolia. Que supereu seria esse? A sua função paradoxal de apontar, no final da trama edipiana, tanto para a identificação com o objeto do mesmo sexo quanto para a interdição de ser esse objeto está inviabilizada, visto que a identificação narcísica aponta justamente para o que estaria proibido. Ao abandonar o objeto, não se trata de fazer uma identificação por traço, mas de tornar-se o próprio objeto.

É verdade que parecem ser instâncias ideais. Quando essas instâncias se constituem, são em geral resultado do confronto do sujeito com a castração e do acerto em relação a esse confronto, o que está longe de ser o caso na melancolia. Sem dúvida, também há algo nesses casos que se diferencia das psicoses delirantes, em que a questão de um eu e um supereu nem se apresenta, mas é aí que acreditamos estar toda a dificuldade teórica que experimentamos na compreensão da melancolia.

Referências

Ferenczi, S. (1989a). O conceito de introjeção. In S. Ferenczi, *Escritos psicanalíticos: 1909-1933* (J. Bastos & A. Telles, Trads., pp. 61-63). Taurus. (Trabalho original publicado em 1912).

Ferenczi, S. (1989b). Transferência e introjeção. In S. Ferenczi, *Escritos psicanalíticos: 1909-1933* (J. Bastos & A. Telles, Trads., pp. 29-60). Taurus. (Trabalho original publicado em 1909).

Freud, S. (1984a). Duelo y melancolía. In S. Freud, *Obras completas* (J. L. Etcheverry, Trad., Vol. 14, pp. 235-256). Amorrortu. (Trabalho original publicado em 1917).

Freud, S. (1984b). Introducción del narcisismo. In S. Freud, *Obras completas* (J. L. Etcheverry, Trad., Vol. 14, pp. 65-98). Amorrortu. (Trabalho original publicado em 1914).

Freud, S. (1984c). Más allá del principio de placer. In S. Freud, *Obras completas* (J. L. Etcheverry, Trad., Vol. 18, pp. 1-62). Amorrortu. (Trabalho original publicado em 1920).

Freud, S. (1984d). El yo y el ello. In S. Freud, *Obras completas* (J. L. Etcheverry, Trad., Vol. 19, pp. 1-66). Amorrortu. (Trabalho original publicado em 1923).

Freud, S. (1986). Tótem y tabú. In S. Freud, *Obras completas* (J. L. Etcheverry, Trad., Vol. 13, pp. 1-164). Amorrortu. (Trabalho original publicado em 1912-1913).

Monte, M. (1994). De mais ninguém [Música]. In *Verde, anil, amarelo, cor-de-rosa e carvão*. EMI.

Pinheiro, T. (1995). *Ferenczi: do grito à palavra*. Jorge Zahar; UFRJ.

Torok, M. (1995). Doença do luto e fantasia do cadáver saboroso. In N. Abraham & M. Torok, *A casca e o núcleo* (M. J. R. F. Coracini, Trad., pp. 215-236). Escuta. (Trabalho original publicado em 1968).

3. A certeza de si e o ato de perdoar[1]

A certeza de si

Na sua teoria do trauma, Ferenczi aponta o descrédito da mãe diante do relato da criança como o fator traumatizante por excelência (Pinheiro, 1995b). Mas também afirma que, de todos os resultados dramáticos do trauma – identificação com o agressor, coma psíquico, ser subtraído ao mundo do sonho e levado ao inferno do pesadelo etc. –, o mais imediatamente palpável e a sequela mais fundamental seria a ausência, daí por diante, da certeza de si. Esse patrimônio que somos nós, como nos reconhecemos, estaria drasticamente abalado. Com um só golpe, o descrédito tiraria a certeza do que se percebe e do que se viveu. Em "Confusão de língua entre os adultos e a criança", Ferenczi escreve:

> *Se a criança se restabelece de uma tal agressão, sofre uma enorme confusão; a bem da verdade, já há uma clivagem, ela ao mesmo tempo é inocente e culpada, e*

1 Texto escrito com Alexandre Jordão e Karla Patrícia Holanda Martins; uma versão anterior foi publicada originalmente em 1998 em *Cadernos de Psicanálise*, 14(17), 160-175.

> *sua confiança no testemunho dos seus próprios sentidos está quebrada. (1933/1989c, p. 352)*

O descrédito teria o poder de tirar a certeza das próprias percepções, como se a partir daí a criança não pudesse mais confiar nos próprios sentidos. Sem dúvida, essa passagem só fica clara com o conceito de introjeção, que marca o pensamento ferencziano. O autor é incisivo: somente por meio da introjeção um sentido torna-se passível de ser apropriado. Nesse caso, o objeto é apenas o suporte daquilo a que visa a introjeção, ou seja, a apropriação das representações investidas das quais o objeto é portador. São essas representações, e por conseguinte o próprio mundo simbólico de que o objeto é portador, que a introjeção procura incluir na esfera psíquica. O fato de a introjeção dizer respeito à linguagem, ao mundo de representações do objeto, à ordem de valores, ao investimento e ao sentido, mais do que ao objeto em si, é para Ferenczi o primordial desse conceito. Assim, o objetivo da introjeção refere-se sobretudo à subjetividade: trata-se de trazer para a esfera psíquica os sentimentos causados pelo objeto, este funcionando apenas como suporte das representações já investidas (Pinheiro, 1995b). Portanto, se é por meio do outro que tenho acesso ao sentido, tornando-me capaz de produzir e atribuir sentido, o descrédito, interrompendo a sua possibilidade de apropriação, impossibilita a inscrição do percebido e do vivido na cadeia de sentidos.

O narcisismo é postulado por Freud como uma invenção de dois adultos (Pinheiro, 1995a). Ou seja, são esses adultos que inventam Sua Majestade, o bebê – invenção da qual o bebê se apropria e na qual acredita. A crença daquele que aposta em Sua Majestade, o bebê é a matéria-prima na constituição da subjetividade da criança e o solo em que a certeza de si se apoiará. Desse modo, o inventor narcísico se torna o fiador e, durante muito tempo, será o possibilitador e também a causa do investimento do sujeito no universo da linguagem e da produção de sentidos. Em outras palavras, a certeza de si é a apropriação dessa onipotência. É a partir da onipotência que o outro lhe credita que o sujeito surge afirmativamente. Ou seja, com a certeza de si, a invenção narcísica deixa de ser algo passivamente recebido do outro e se torna uma produção do sujeito. Portanto, para o sujeito, o maior patrimônio dessa produção será o poder dizer de si, compreendendo-se como resultado da história dos investimentos, acontecimentos e sensações percebidas, podendo nomeá-los (ainda que precariamente) e interpretá-los de diferentes formas. Nesse sentido, podemos pensar que a abordagem do narcisismo que levou Freud a formular o medo de perder o amor agora leva a crer que se trata, de fato, do medo de perder o fiador.

Em 1913, teorizando sobre os caminhos que serão percorridos para a aquisição da certeza de si, Ferenczi diz que a primeira fé ou primeira crença que a criança tem é na sua própria onipotência.[2] Apenas num segundo momento é possível abrir mão da sua onipotência, embora não da ideia de onipotência, agora depositada nos adultos investidos afetivamente. No decorrer desse texto, Ferenczi continua mostrando todos os caminhos que serão percorridos pela aquisição da certeza de si. Ele declara:

2 "Quando a criança, instruída pela experiência, começa a perder a fé em sua própria onipotência que ela considerava capaz de satisfazer todos os seus desejos – primeiro só pela própria força do desejo, mais tarde por meio de gestos e sinais verbais –, acaba, pouco a pouco, por suspeitar que existem potências 'divinas', 'superiores' (mãe e ama de leite) de cujos favores convém assegurar-se para que os gestos mágicos sejam seguidos de efeito. Na história da humanidade, esse estádio corresponde à fase religiosa. É o estádio em que o homem já aprendeu a renunciar à onipotência dos seus próprios desejos, mas ainda não à ideia de onipotência. [...] Mas a decepção infligida ao sentimento de onipotência da criança é rapidamente seguida de uma decepção quanto à potência e à benevolência das autoridades superiores (pais, deuses)" (Ferenczi, 1913/1992b, pp. 29-30).

> *O primeiro artigo de fé da criança, quando ela começa a tomar consciência da realidade, é o seguinte: é real, ou seja, existe fora de mim, tudo o que – mesmo eu não querendo – se impõe a mim como percepção sensível. (1913/1992b, p. 31)*

A teoria do trauma

No final de sua obra, Ferenczi pensa o trauma como efeito de um evento duplo, do qual participam três personagens: dois adultos e a própria criança. No primeiro tempo, o adulto responde à sedução infantil a partir da sua referência sexual, atribuindo à criança um sentido que ela ainda não possui.[3] A linguagem da criança é a da ternura, são "fantasmas lúdicos", ressalta o autor. Ferenczi afirma que o sentimento de culpa do agressor é o sentido que fica incompreensível para a criança. Mas o trauma não se resume a essa situação que a criança não consegue compreender. É sobretudo na *tentativa* de compreendê-la que o evento traumático acontecerá. A criança, então, recorre a outro adulto (para Ferenczi, quase inevitavelmente, a mãe) a fim de extrair algum sentido daquela cena. O adulto responde desacreditando o acontecimento. De forma a preservar o objeto de amor/fiança, o trauma se instaura, ficando o eu definitivamente cindido[4] – o que é real (e está fora de mim) e o que sou eu perdem de novo a fronteira. Desse modo, o descrédito é que deve ser considerado patológico. Portanto, a confusão é dupla: no

---

3 "Confundem as brincadeiras das crianças com os desejos de uma pessoa que já atingiu a maturidade sexual, e se deixam levar a atos sexuais sem pensar nas consequências" (Ferenczi, 1933/1989c, p. 351).

4 "É a negação, a afirmação de que nada se passou, que nada doeu, que não se foi surrado ou repreendido; é isto sobretudo que torna o traumatismo patógeno" (Ferenczi, 1931/1989a, p. 343).

campo do erotismo e no campo da produção do sentido. Digamos que a ênfase ferencziana recai sobre esse segundo tempo.

Mais adiante, Ferenczi, acompanhando Freud, estabelece a apropriação dos sentidos oferecidos pelos adultos, sobretudo pelos pais:

> *No começo, a criança trata as palavras como coisas, ela crê; não somente toma conhecimento delas, mas as toma por verídicas. No entanto, na medida em que aprende pouco a pouco a corrigir seu erro no que concerne aos outros objetos, essa faculdade falha quando se trata das declarações verbais de seus pais; primeiro porque os pais impressionam pela sua potência, suposta e real, a ponto de a criança não ousar sequer duvidar deles, em seguida porque é com frequência proibido, sob pena de castigos e privação do amor, tentar verificar os dizeres dos adultos. (1913/1978, p. 44)*[5]

Talvez por ser impossível duvidar dos adultos é que o descrédito do trauma tenha um efeito tão radical, a ponto de impossibilitar a aquisição do sentido do agressor. Se o sentido da culpa tem que ser descartado, resta à criança se agarrar ao da onipotência. Podemos entender que o amor de que falam Freud e Ferenczi equivale, no plano simbólico, ao crédito na palavra do sujeito.

Sobre a onipotência

As questões sobre a onipotência, apresentadas por Ferenczi em 1913, foram contemporâneas das especulações freudianas no texto

5 Traduzimos a citação diretamente do francês por considerar essa versão mais fiel ao original.

Totem e tabu, momento em que a problemática da consciência da morte é colocada num plano de destaque. É por meio dessa costura entre onipotência, consciência da morte e certeza de si que a ideia de perdão será trabalhada, visto que tais formulações introduzem, a partir de então, questões fundamentais, principalmente no que diz respeito à teoria do narcisismo, à pulsão de morte e ao desamparo, incluindo derivações que podem constituir uma proposta de final de análise.

Em 1912-1913, Freud organiza sua teorização em torno da problemática da morte, definindo os modos de operação do pensamento e os modos de subjetivação. A partir da consciência da morte, fundar-se-iam três sistemas de pensamento correlativos ao funcionamento da onipotência: o animismo, a religião e a ciência – sistema em que não haveria lugar para a onipotência (nem a dos pensamentos, nem a de Deus) e o homem se submeteria à natureza e à morte.

Freud, formulando novas regras de funcionamento do aparelho psíquico, se indaga sobre o que teria feito o homem renunciar à onipotência de seus pensamentos em função da onipotência dos deuses. Ele responde com o conceito de projeção, operação psíquica de inclusão da alteridade, protótipo do primeiro laço social e da renúncia. O ato de renúncia surge da mesma fonte das restrições morais, qual seja: a impressão causada pela consciência da morte e do desamparo, consciência essa que veio a ser denominada consciência moral do tabu (Freud, 1912-1913/1986b). Todavia, o golpe de fundação do aparelho, assentado sobre o desamparo, conduz o homem ao gesto de submissão à necessidade e, simultaneamente, à negação do reconhecimento de sua precariedade. Freud fala de uma consciência moral do tabu como a forma mais remota em que o fenômeno da consciência é encontrado, e essa consciência corresponde àquilo de que se está "consciente com mais certeza" (p. 73). Assim, se a angústia quanto à consciência (da morte) ocupa uma posição de anterioridade lógica em relação ao ódio e à culpa, poderíamos afirmar que o perdão só acontece após a instauração de uma consciência moral? O que Ferenczi chamou de certeza de si dependeria da percepção de um julgamento moral? Se o julgamento moral é da ordem da certeza, seria a moralidade uma primeira certeza de si? Mas o que constituiria propriamente o ato de perdoar? De que modo ele se articula com uma proposta de final de análise?

Sobre a ambivalência

Ao traçar as vicissitudes da ambivalência, Freud utiliza o luto como paradigma: "O luto tem uma tarefa psíquica muito específica a cumprir; está destinado a desligar do morto as lembranças e as expectativas dos sobreviventes" (1912-1913/1986b, p. 71). Em outras palavras, o luto suspende o tempo presente, produzindo um corte na ligação com o passado e na possibilidade de antecipação do futuro. O neurótico, ou seja, aquele que não consegue fazer o luto, padece de saudade e de esperança. Quando a ambivalência é "solucionada", no lugar dessa ferida aberta encontrar-se-á "a piedade como cicatriz, que exige: *De mortuis nil nisi bene* [Dos mortos só se diz o bem]" (p. 71). Mais adiante, ele afirma: "A psicanálise corrobora nesse ponto o costumeiro pronunciamento dos piedosos: somos todos pecadores" (p. 76). Freud faz um contraponto entre a economia do perdão e a ambivalência. Enquanto no perdão há um débito recíproco de intensidades (hostilidade *versus* ternura), com acento consciente no saldo, no caso da ambivalência e do recurso projetivo a hostilidade, transformada em percepção externa, progride, mantendo a negação.

Cabe ressaltar que, no pensamento freudiano, a piedade não é somente um modelo de harmonização dos laços sociais (a figura da piedade como cicatriz implica uma marca indelével), mas a possibilidade de uma nova abertura para a alteridade: a diferença no fundo de reconhecimento. O perdão, como um dos sentidos mais sofisticados e de "solução" para a ambivalência, só pode surgir num sistema de pensamento que, no seu ato de renúncia narcísica, tenha incluído a alteridade e aceitado os paradoxos da ambivalência.

Se Freud, em 1912-1913, não teoriza de forma explícita sobre o ato de perdoar e suas relações com o final de uma análise, Ferenczi formula a sua proposta, "Perdão mútuo!!! Sucesso final" (1990, p. 250), supondo uma ligação necessária com o trauma. Nesse sentido, é fundamental estabelecermos uma articulação entre a perda da certeza de si, apontada como decorrente do trauma, e o perdão do final de análise.

Ferenczi vê avolumar-se diante de seus olhos a importância da transferência negativa. Ora, se o que causou a clivagem do eu foi uma tentativa desesperada de preservar o objeto de amor - lembremos que esse amor foi considerado uma via de mão dupla, e o sentido principal é o que vai da mãe para o bebê, ou seja, garantir o amor do objeto: "É porque me identifico (tudo compreender = tudo perdoar) que não posso odiar" (Ferenczi, 1990, p. 215) –, a análise representaria uma situação *in vitro* em que o paciente poderia experimentar e expressar sua raiva sem a ameaça de perda do amor. O analista tem aí a função de um catalisador que "provisoriamente atrai sobre si os afetos liberados" (Ferenczi, 1909/1989d, p. 32) e tem condições de possibilitar, enfim, a introjeção que não pôde acontecer quando do evento traumático, introjeção que está na base de todo o funcionamento psíquico.[6] O efeito dessa experiência

6 "É a esta união entre os objetos amados e nós mesmos, esta fusão desses objetos com o nosso ego, que chamei de introjeção e – repito – estimo que *o mecanismo dinâmico de todo amor objetal e de toda transferência sobre um objeto é uma extensão do ego, uma introjeção*" (Ferenczi, 1912/1989b, p. 61).

seria o de franquear a reconstrução da certeza de si, a partir de uma nova economia do descrédito na situação analítica.

Ferenczi (1928/1992a, 1927/1992c) criticou severamente o que chamou de hipocrisia do analista, pois via exatamente nessa hipocrisia o entrave para que a situação traumática fosse superada. Essa crítica aparece na sua obra a partir de 1927, quando o autor aponta para o mau uso dos conceitos da técnica psicanalítica como forma de proteção do próprio analista – é a isso que Ferenczi chamou de hipocrisia. A hipocrisia no *setting* repetiria a do descrédito do evento traumático. Com essa proposta, ele pretende evitar no *setting* que a confusão de línguas se dê novamente. O analista deverá assumir um lugar onde seja possível ao paciente compreender o acontecido, ou seja, chegar a uma "visão geral sobre a gênese do sofrimento" (Ferenczi, 1990, p. 248) e perdoar. Se no trauma tivemos dois momentos, o mesmo acontecerá aqui, e se lá o evento verdadeiramente traumático foi a hipocrisia, o descrédito, o dizer que não havia acontecido nada, agora o que pode ter um resultado verdadeiramente terapêutico é a ausência dessa hipocrisia na análise, enquanto se revive o evento traumático. Assim, pode-se chegar à compreensão e depois ao perdão. Portanto, a compreensão é necessária e anterior ao perdão. Mas não se trata apenas de perdoar o adulto que causou o trauma. Como indicado, trata-se de um perdão mútuo. É um perdão que se estende ao analista catalisador, ao próprio paciente e ao adulto do descrédito. Precisa ser mútuo porque a criança também se sente culpada pelo evento traumático e, como não consegue introjetar a culpa do adulto, incorpora-a (Torok, 1968/1995). O perdão, via transferência, se estende ao analista quando o paciente pode abrir mão da ideia de um analista onipotente, perdoá-lo por não o ser. É nesse sentido que Ferenczi vai falar de uma reconciliação, simulacro do perdão, que se dá quando o paciente pode ver o contraste da sua vivência analítica com a situação infantil (hipócrita e insincera): "É finalmente possível ver e *rememorar* o trauma com *sentimentos de perdão*" (Ferenczi, 1990, p. 249).[7]

No texto "Análise de crianças com adultos" (1931/1989a), Ferenczi fala de uma linguagem de ternura que irrompe nos momentos de regressão durante o processo analítico. É nesse universo de produção de sentidos, nesse universo do vocabulário da criança, que o analista poderá interpretar utilizando-se do mesmo vocabulário, e é por meio dessa técnica que ele conseguirá entrar em contato com o que Ferenczi chamou de inscrição mnésica corporal.

A regressão é o movimento privilegiado do processo analítico, no qual o que diz respeito à criança, no analisando, está em primeiro plano. Ferenczi dará grande importância a esse momento da análise, momento-chave, segundo ele, em que o acesso ao trauma pode ser vislumbrado. Nesse momento, capital para o analisando, o analista deverá tornar possível ao analisando reviver, sob outras condições, aquilo que deve ser reconstruído. Ora, segundo Ferenczi, somente o corpo guardou a lembrança do trauma e é ele que se exprime nos silêncios durante a regressão. A voz que se cala, assim como as representações do trauma o fizeram anteriormente, deixa o corpo se exprimir, sendo o discurso desse corpo que o analista deverá escutar. "Nos momentos em que o sistema psíquico falha, o organismo começa a pensar" (Ferenczi, 1990, p. 37).

O pensar e as suas relações com a realidade constituirão um tópico do "Projeto" freudiano de 1895. Ali, Freud diferencia o pensar judicativo do pensar reprodutivo. Enquanto o primeiro busca uma identidade com o investimento corporal estabelecido na relação com o semelhante, o segundo procura uma identidade com um

7 Sobre reconciliação e amabilidade, ver Ferenczi (1931/1989a, p. 249). Para o contraponto entre a hipocrisia e o descrédito da situação traumática, ver Ferenczi (1933/1989c, p. 350).

investimento psíquico do próprio sujeito. Dessa diferença, Freud deriva a seguinte consequência, apresentada nestas duas passagens:

> *O pensar judicativo trabalha antecipadamente ao reprodutivo, fornecendo-lhe facilitações já prontas para uma migração associativa posterior. Se uma vez concluído o ato de pensar, o signo de realidade chega à percepção, então se obtém o* juízo de realidade, *a* crença, *alcançando-se com isso a meta de todo o trabalho. (1950[1895]/1986a, p. 378)*
>
> *Portanto, o objetivo primeiro do teste de realidade não é o de encontrar a percepção real de um objeto que corresponda ao representado, mas* reencontrar *tal objeto, convencer-se de que ele está lá. (1925/1984, p. 255)*

Tais passagens corroboram a hipótese de Ferenczi quanto à importância de uma "escuta" do corpo pulsional nas suas relações com o pensamento. A formulação de que a base do juízo e da crença é o investimento narcísico abre uma nova possibilidade de cotejarmos o *compreender* ferencziano e o *durcharbeiten* (perlaborar) da teoria freudiana.

O perdão

Cabe-nos agora averiguar quais as possíveis consequências da noção de perdão, e seus vínculos com áreas ainda pouco exploradas da psicanálise e seus desenvolvimentos posteriores. Seria ingênuo pensar que a formulação ferencziana do perdão se aplicaria somente aos casos de pacientes que passaram realmente por um trauma patogênico. Se nos apoiarmos principalmente nas formulações freudianas sobre o narcisismo que desembocarão na segunda tópica – considerando-se a invenção narcísica do sujeito e o desamparo como base nessa construção –, poderemos entender que o final de análise seria o momento em que o paciente consegue compreender que o seu próprio manancial imaginário somente se constitui a partir do investimento narcísico alheio, e finalmente se apropriar disso como certeza de si. Reconhecer o desamparo, o seu e o do próximo; aceitar viver sem a completude; descobrir que é possível viver bem melhor do que até então, e que dá para perdoar, tanto a esse outro quanto a si mesmo. Reconhecer que isso é da ordem do humano e sair do crivo uniformizador narcísico, abrindo mão da onipotência.

Até aqui falamos das consequências que as considerações de Freud e Ferenczi sobre o perdão podem produzir no nível de uma teorização sobre o final de análise. Todavia, gostaríamos de indicar ainda o quanto ambas as propostas deixam em seu rastro possibilidades de considerar, seguindo as indicações de Jurandir Freire Costa (1984, 1989, 1992), as extensões do pensamento psicanalítico numa teoria da política, como a de Hannah Arendt (1958/1987).

A primeira observação que nos chama a atenção é a de que perdoar não é negar o que se passou, não é negar o mal que a ação do outro nos causou, mas é – reconhecendo tudo isso – poder compreender o outro e aceitar as suas desculpas. Arendt lembra que, no Evangelho, a insistência em perdoar está necessariamente ligada à ideia de "Eles não sabem o que fazem", o que não se aplica ao caso de crimes ou do mal intencional, pois do contrário não teria sido necessário ensinar que, "se ele pecar sete vezes no dia contra ti e sete vezes no dia te vier buscar, dizendo: Pesa-me, perdoa-lhe". Nesse ponto, a autora considera a tradução de *aphienai, metanoein* e *hamartanein*: o significado original de *aphienai* é "despedir", "libertar", e não "perdoar"; *metanoein* significa "mudar de ideia"; *hamartanein* pode ser adequadamente traduzido por "transgredir", na medida em que significa "errar", "enganar-se", e não "pecar". Desse modo, a tradução final ficaria assim: "E se ele transgredir contra ti ... e ... procurar-te, dizendo: *Mudei de ideia*, deves desobrigá-lo" (pp. 251-252). Assim, na proposta de Arendt, perdoar é desobrigar o outro de ficar no lugar daquele que errou ou transgrediu, e também desobrigar-se de permanecer como vítima do erro, ou escravizado e imobilizado pelo erro do outro.

Hannah Arendt, quando aponta para os dois pilares em que a civilização pode se apoiar – o perdão e a promessa – como atitudes exclusivamente humanas, mostra que o perdão de que fala o Evangelho não é algo que emana de Deus, não é porque Deus perdoa que os homens devem perdoar, mas sim que Deus perdoará na medida em que se for capaz de perdoar. O curso da imanência se inverte: é da terra para o céu. Sua proposta nada tem, portanto, de metafísica, e por essa razão torna-se mais fácil aproximá-la da psicanálise. Arendt mostra também que o perdão liberta os agentes da ação – aquele que perdoa e o que é perdoado – do rancor e da vingança. Libertos da ação circular que o rancor e a vingança impõem, o sujeito que perdoa (ou que desobriga) e aquele que é perdoado (desobrigado) poderão produzir, enfim, ações de fato novas.

As afirmações de Arendt nos ajudam a desdobrar as proposições de Freud e Ferenczi, sublinhando o quanto a noção de perdão oferece novas coordenadas para pensar as relações entre narcisismo e final de análise, momento em que o sujeito pode se desobrigar de um discurso queixoso sobre si e sobre o outro, fazendo valer uma nova economia libidinal e discursiva, em que sua posição como sujeito pode ser reinventada.

Referências

Arendt, H. (1987). *A condição humana* (R. Raposo, Trad.). Forense Universitária. (Trabalho original publicado em 1958).

Costa, J. F. (1984). *Violência e psicanálise*. Graal.

Costa, J. F. (1989). *Psicanálise e contexto cultural: imaginário psicanalítico, grupos e psicoterapias.* Campus.

Costa, J. F. (1992). Du désarroi narcissique au désespoir. *Revue du Collège de Psychanalystes, 45*, 219-238.

Ferenczi, S. (1978). Foi, incrédulité et conviction. In S. Ferenczi, *Œuvres complètes* (J. Dupont & M. Viliker, Trads., Vol. 2, pp. 39-50). Payot. (Trabalho original publicado em 1913).

Ferenczi, S. (1989a). Análise de crianças com adultos. In S. Ferenczi, *Escritos psicanalíticos: 1909-1933* (J. Bastos & A. Telles, Trads., pp. 333-346). Taurus. (Trabalho original publicado em 1931).

Ferenczi, S. (1989b). O conceito de introjeção. In S. Ferenczi, *Escritos psicanalíticos: 1909-1933* (J. Bastos & A. Telles, Trads., pp. 61-63). Taurus. (Trabalho original publicado em 1912).

Ferenczi, S. (1989c). Confusão de língua entre os adultos e a criança. In S. Ferenczi, *Escritos psicanalíticos: 1909-1933* (J. Bastos & A. Telles, Trads., pp. 347-356). Taurus. (Trabalho original publicado em 1933).

Ferenczi, S. (1989d). Transferência e introjeção. In S. Ferenczi, *Escritos psicanalíticos: 1909-1933* (J. Bastos & A. Telles, Trads., pp. 29-60). Taurus. (Trabalho original publicado em 1909).

Ferenczi, S. (1990). *Diário clínico* (A. Cabral, Trad.). Martins Fontes.

Ferenczi, S. (1992a). Elasticidade da técnica. In S. Ferenczi, *Obras completas* (A. Cabral, Trad., Vol. 4, pp. 25-36). Martins Fontes. (Trabalho original publicado em 1928).

Ferenczi, S. (1992b). Fé, incredulidade e convicção. In S. Ferenczi, *Obras completas* (A. Cabral, Trad., Vol. 2, pp. 27-38). Martins Fontes. (Trabalho original publicado em 1913).

Ferenczi, S. (1992c). Problemas de final de análise. In S. Ferenczi, *Obras completas* (A. Cabral, Trad., Vol. 4, pp. 15-24). Martins Fontes. (Trabalho original publicado em 1927).

Freud, S. (1984). La negación. In S. Freud, *Obras completas* (J. L. Etcheverry, Trad., Vol. 19, pp. 249-258). Amorrortu. (Trabalho original publicado em 1925).

Freud, S. (1986a). Proyecto de psicología. In S. Freud, *Obras completas* (J. L. Etcheverry, Trad., Vol. 1, pp. 323-446). Amorrortu. (Trabalho original publicado em 1950[1895]).

Freud, S. (1986b). Tótem y tabú. In S. Freud, *Obras completas* (J. L. Etcheverry, Trad., Vol. 13, pp. 1-164). Amorrortu. (Trabalho original publicado em 1912-1913).

Pinheiro, T. (1995a). Algumas considerações sobre o narcisismo, as instâncias ideais e a melancolia. *Cadernos de Psicanálise, 12*(15), 20-28.

Pinheiro, T. (1995b). *Ferenczi: do grito à palavra.* Jorge Zahar, UFRJ.

Torok, M. (1995). Doença do luto e fantasia do cadáver saboroso. In N. Abraham & M. Torok, *A casca e o núcleo* (M. J. R. F. Coracini, Trad., pp. 215-236). Escuta. (Trabalho original publicado em 1968).

4. Sublimação e idealização e a pós-modernidade[1]

Falar sobre sublimação talvez seja uma das tarefas mais difíceis em psicanálise. Uma situação curiosa, pois se de um lado falta ao conceito uma costura metapsicológica, por outro parece que todos sabem do que se está falando. Em geral, quando isso acontece, é porque estamos diante de uma grande possibilidade de nos equivocarmos teoricamente. As noções de sublimação dadas por Freud ao longo de sua obra sofreram várias modificações, e à medida que essas modificações ocorrem fica a impressão de que se trata de um conceito meio "saco de gatos", em que cabe tudo ou quase tudo da ordem do psíquico – tudo diz respeito à sublimação. E, se cabe tudo, acaba não sendo nada. No entanto, não é uma noção que possamos dispensar, muito menos para Freud, que de alguma maneira aponta a sublimação como única saída para a humanidade. Por conseguinte, aquilo a que se visa num final de análise seria da ordem da sublimação.

1 Uma versão anterior foi publicada originalmente em 1999 em *Cadernos de Psicanálise*, 15(18), 11-24.

Minha intenção aqui não é discorrer exaustivamente sobre a noção de sublimação. A princípio, apresentarei os problemas que me parecem os mais complicados da noção. Dada a pluralidade de aspectos da sublimação, procurarei definir o recorte privilegiado, para depois discutir as questões da idealização e da sublimação no mundo atual.

Algumas questões metapsicológicas

Vamos usar a palavra *noção* em vez de *conceito* de sublimação por não encontrarmos uma definição metapsicológica precisa do termo na obra freudiana.

A definição de sublimação dada por Freud em 1914 é a seguinte: "A sublimação é um processo que concerne à libido de objeto e consiste no fato de que a pulsão se dirige para outro objetivo, distante da satisfação sexual; o que é acentuado aqui é o desvio que distancia do sexual" (1914/1984a, p. 91).

Nessa definição encontramos alguns problemas. Se a questão na sublimação é se afastar da satisfação sexual, temos aí que, para Freud, ao menos nesse momento, a sexualidade é algo que diz respeito a uma materialidade corporal, a um prazer de corpo e de fato observável no campo da superfície corporal. Não pretendo mudar o rumo da proposta de discussão, mas convém fazer alguns comentários. Sem dúvida, para Freud, durante muito tempo, a sexualidade esteve vinculada à própria genitalidade. Num segundo momento, podemos observar que ela se amplia, abrangendo toda a superfície corporal, de tal maneira que podemos até supor que a ideia de sexualidade vem fornecer a Freud a ponte tão almejada por ele, capaz de estabelecer uma relação entre o somático e o psíquico. Nesse sentido, na psicanálise, por um bom tempo, a sexualidade não é um conceito tão abstrato assim; pelo contrário, é o articulador necessário de uma dupla face, que tem de um lado o corpo, a superfície material, a ordenação somática etc., e do outro o anímico, o aparelho de representações.

A sublimação, não sendo um prazer percebido nessa superfície corporal, diria respeito exclusivamente ao aparelho de representações. Mas Freud afirma que ela se refere à pulsão, e em certos momentos usa a expressão paradoxal de uma pulsão dessexualizada. O que seria uma pulsão sexual dessexualizada? Essa parece ser uma costura sempre complicada na metapsicologia da sublimação. Apesar de em 1930 a ideia de sexualidade já ter ganhado toda a abstração que conhecemos, lá encontramos a seguinte observação sobre a sublimação:

> *Nesse momento nos limitamos a dizer, de forma figurada, que [as sublimações] nos parecem "mais delicadas e mais elevadas". No entanto, sua intensidade está enfraquecida em relação à que é capaz de saciar as moções pulsionais mais grosseiras e primárias; não mexem com nosso organismo físico. (1930/1986, p. 79)*

Ou seja, por estar longe da corporeidade, a sublimação será sempre mais fraca, menos intensa. É curioso que, em 1930, quando Freud parece já ter dado à sexualidade toda a abstração possível, ela apareça ainda tão ligada a uma materialidade corporal, como se para Freud sempre tivesse sido claro que a sexualidade diz respeito ao corpo. Os outros prazeres, mais abstratos, seriam fruto de uma sexualidade dessexualizada. Assim seriam feitos os prazeres do narcisismo e da sublimação. Como vemos, a sublimação tem vários coloridos na obra freudiana, e se Freud pensou no tema como um dos capítulos da *Metapsicologia* que jamais foi publicada, talvez isso se deva às enormes dificuldades com que se deparou na época para construir o conceito.

Mas as questões metapsicológicas da sublimação não param por aí. A sublimação é um dos destinos possíveis das pulsões parciais, e estas também podem tomar o rumo da perversão ou o do recalque (na neurose). Assim, segundo Baas (1992), a lógica da sublimação se apresenta como uma espécie de curto-circuito do recalque e, portanto, da rede associativa e simbólica que constitui a mediação habitual para a descarga pulsional. É dessa forma, segundo o autor, que o conceito analítico de sublimação se torna uma metáfora rigorosa do processo químico de sublimação, o qual consiste na passagem direta ao estado gasoso, saltando a etapa líquida. No caso da noção psicanalítica, ela designa o movimento da pulsão que salta a etapa intermediária do recalque para se elevar a um objetivo "superior", como diz Freud, em direção a uma realização mais "alta".

Em outra passagem de *O mal-estar na cultura*, Freud afirma: "A sublimação das pulsões constitui um dos traços que mais se sobressaem do desenvolvimento cultural; é ela que permite as atividades psíquicas elevadas, científicas, artísticas ou ideológicas, desempenhando um papel bastante importante na vida dos seres civilizados" (1930/1986, pp. 95-96).

É a partir dessa definição generalizada de sublimação que queremos estabelecer um recorte aqui. Independentemente dos problemas de sua costura metapsicológica, parece ser consenso entre os estudiosos da psicanálise que, por esse termo, entende-se a capacidade do sujeito de investir nas atividades que Freud chamava de superiores: atividades artísticas, intelectuais, científicas ou ideológicas. Seria um elemento fundamental da cultura, pois estabelece e fortalece os laços sociais e emprega energias que, do contrário, inviabilizariam a vida em sociedade. O que Freud aponta em *O mal-estar na cultura* é que o homem é um ser prematuro e desamparado, e por essa razão torna-se um ser gregário. No entanto, tem um equipamento psíquico, pulsional, incompatível com a vida em sociedade. A pulsão de morte, o princípio do prazer e o egoísmo próprio do narcisismo seriam elementos fatais ao próprio sujeito, de modo que, sem dispositivos como o recalque e a sublimação, ele não seria capaz de sobreviver e muito menos de manter uma vida em sociedade. É com base nessa afirmação, na constatação das exigências imediatas do princípio do prazer e da agressividade como o avesso do narcisismo, exigências constitutivas do aparelho psíquico concebido pela psicanálise, que Freud vislumbra a sublimação como a única saída para a humanidade e considera que sem ela a barbárie se instalaria.

A idealização

Neste texto, quero discutir a noção de sublimação juntamente com a de idealização. Como vimos em "Introdução ao narcisismo", ao definir as instâncias ideais, Freud propõe uma distinção entre sublimação e idealização, ressaltando que a primeira diz respeito à pulsão, e a segunda, ao objeto, e por isso os dois conceitos devem manter-se separados. O argumento continua assim:

> *A formação do ideal do eu é frequentemente confundida com a sublimação das pulsões, em detrimento de uma clara compreensão. Que alguém tenha trocado seu narcisismo pela veneração de um elevado ideal do eu não implica que esse alguém tenha conseguido a sublimação de suas pulsões libidinais. É verdade que o ideal do eu requer essa sublimação, mas não pode obtê-la pela força; a sublimação permanece um processo particular; o ideal pode incitá-la, mas sua realização é completamente independente de tal incitação. (1914/1984a, p. 91)*

Freud mostra, nesse artigo, como a questão dos ideais nos obriga a pensar tanto a sublimação quanto a idealização, mas também adverte que a distinção entre os dois termos é fundamental. A sublimação, ele afirma, diz respeito à pulsão, mas a uma pulsão que se desviou de seu objetivo, ou ainda a uma pulsão inibida quanto ao seu objetivo, dessexualizada. A idealização, por sua vez, diz respeito ao objeto e, portanto, está referida diretamente à sexualidade. Se o ideal do eu pressupõe o mecanismo de idealização, o mesmo não se pode dizer em relação à sublimação. Segundo Freud, os mecanismos são independentes, e não necessariamente acoplados.

No parágrafo seguinte ao reproduzido, Freud afirma que o objeto da paixão é idealizado na medida em que seus atributos são supervalorizados. O exemplo da idealização, nesse caso, recai sobre o objeto da paixão. Já no texto *Psicologia das massas e análise do eu* (1921/1984b), recai sobre o líder, o hipnotizador. De acordo com Freud, do estado de estar amando à hipnose há apenas um curto passo.

Gostaria aqui de pensar a idealização de objetos que serão peças fundamentais das instâncias ideais propostas por Freud. Se essas instâncias, entre outras coisas, têm por função medir o eu do presente com os eus idealizados do passado e do futuro, essa função apontaria, de um lado, para um passado perdido de felicidade e, de outro, para um futuro de felicidade a ser alcançado. Se tomarmos somente o ideal do eu, ou seja, a dimensão de futuro dessas instâncias, veremos que na obra freudiana o ideal do eu contém todo o corolário dos modelos de escolha objetal apresentados em "Introdução ao narcisismo", tanto do modelo narcísico – aquilo que fui (eu ideal), aquilo que gostaria de ser (ideal do eu) – como do modelo por apoio ou anaclítico – aquela que me nutriu (figuras parentais) e aquele que me protegeu (figuras parentais). Ora, segundo Freud, aquilo que fui, o eu ideal, é a projeção do narcisismo dos pais sobre Sua Majestade, o bebê, e também contém, portanto, as figuras parentais; e aquilo que gostaria de ser inclui a fórmula paradoxal indicada em *O eu e o isso*:

> *O supereu não é simplesmente um resíduo das primeiras escolhas objetais do isso; ele significa também uma enérgica formação reativa contra elas. Sua relação com o eu não se esgota no preceito: seja assim (como o pai); ela compreende também a interdição: você não tem o direito de ser assim (como o pai). (1923/1984c, p. 36)*

A construção das instâncias ideais estará sempre necessariamente recheada dos modelos da pré-história do sujeito. Serão modelos ideais os pais e os adultos que se ocuparam dessa criança, mas esses modelos serão metabolizados no caldo fantasmático de cada um, tendo sem dúvida um caráter de imagem e uma consistência atribuída, seja ela verdadeira ou não.

Na idealização, encontramos no objeto idealizado atributos que são o resultado de uma fantasia capaz – pelo mistério que comporta, pelo jogo de ocultar e revelar de uma imagem – de dar ou não consistência a ela. Chamo de consistência ou ausência de consistência a diferença entre uma imagem puramente visual, que surge como fixa, e uma imagem com consistência de atributos, que pressupõe uma subjetividade, valores intelectuais e éticos, os quais fogem à mera fixidez imagética. Quando uma imagem não tem consistência, a idealização surge como imagem fixa. Vejamos o exemplo da relação entre Freud e Fliess. Freud atribui uma consistência teórica, um saber, um valor intelectual a Fliess que este sempre esteve longe de ter. Essa imagem foi projetada nele. Podemos então dizer que os valores atribuídos a Fliess são na verdade valores ideais de Freud, fruto dos modelos ideais da sua pré-história, que além das qualidades de imagem indicavam uma consistência que seria da ordem da sublimação. O que quero enfatizar é que a idealização tanto pode apontar para uma pura imagem quanto para uma imagem à qual se atribui consistência. Parece que essa é justamente a distinção proposta por Freud entre idealização e sublimação, quando afirma que a idealização pode ou não conter uma sublimação.

Dessa forma, é possível dizer que as instâncias ideais podem ou não conter ou apontar para a sublimação. É bom acrescentar que o suporte sublimatório dos ideais dependerá do modo fantasmático por trás dessa operação. O modelo fantasmático, artesão dos ideais, será o divisor de águas. Num modelo tecido no tear da histeria, há um modo fantasmático que aponta para o movimento, o mistério das singularidades, e que pode ter como suporte, portanto, a sublimação. Mas se o modelo fantasmático aponta para uma imagem parada, que não implica nenhum movimento, em que nada a antecede e nada pressupõe uma consequência, então a idealização parece dizer respeito a uma pura imagem, fixa, anônima, sem consistência subjetiva. Esse é o modelo da melancolia, que toma o eu ideal, a imagem parada de Sua Majestade, o bebê, e a reedita no ideal do eu.

Somente assim podemos compreender a busca incessante de alguém por um modelo corporal, por exemplo. Essas pessoas são capazes de passar pelos piores sofrimentos físicos para alcançar um modelo corporal, uma imagem corporal que funciona como um ideal que não pressupõe necessariamente nenhuma consistência. A imagem parece poder dizer tudo. Ela é por si só uma totalidade, um êxtase. No mundo de hoje, a velocidade da informação, do deslocamento e dos serviços permite que sejamos prontamente atendidos, num tempo bastante curto. A ideia de que o futuro é construído aos poucos, para lá na frente usufruirmos o que traçamos como percurso, tornou-se quase obsoleta. Constrói-se hoje para usufruir no máximo amanhã, e a expectativa é de fortes gozos. O tempo tem horizonte curto. Seria importante pensar a questão da sublimação no mundo de hoje.

A sublimação na pós-modernidade

No mundo pós-moderno, a questão dos ideais parece sempre presente. O mundo das histéricas de Freud, do fim do século XIX e início do século XX, tinha referências externas que pareciam estáveis e permanentes. Havia parâmetros claros, para as mulheres, sobre o que era ser boa esposa, boa mãe, boa filha etc., e para os homens, sobre o que era ser bom marido, bom pai, bom filho etc. As instituições, o Estado e as famílias forneciam esse rol de crenças em que todos podiam se apoiar. Com isso, não quero dizer que não havia problemas – as histéricas de Freud estão aí para provar o contrário. Mas essas referências não precisavam ser construídas dia após dia, como atualmente. O advento da pílula deu gás ao movimento feminista, oferecendo condições para uma verdadeira revolução nesse referencial externo que parecia óbvio no início do século XX. Desconstruindo esse rol de crenças sobre a mulher e o homem, o movimento feminista, junto com o advento da pílula, opera uma inversão na estabilidade dessas referências, que de externas passam a ser puramente internas e não necessariamente estáveis. A pílula dá um estatuto de prazer à sexualidade da mulher, que deixa de ter uma função meramente reprodutora. Quebra-se a imagem da mulher que nasceu para ser mãe e para quem o lugar mais nobre a alcançar na sociedade era o de boa esposa e boa mãe, entendendo-se por boa esposa aquela que cuida do marido como se fosse seu filho. As transformações dos papéis do homem e da mulher obrigam a criar uma nova imagem da mulher e do homem na sociedade.

A partir do feminismo, constrói-se um modelo de mulher moderna que trabalha, é independente, tem direito à sexualidade fora da função reprodutora. O modelo de homem moderno é bem mais frágil: construído e operado pelo movimento feminista, o homem ficou preso ao jargão do machismo e sem modelo próprio. O resultado disso é que as subjetividades modernas precisam construir permanentemente seus referenciais internos, suas crenças, seus valores, seus modelos com suas imagens providas ou desprovidas de consistência. Não quero dizer que no início do século XX não existissem esses referenciais internos. Claro que sim, existiam. Mas encontravam referências externas que os endossavam ou a eles se contrapunham. Hoje quase se cai na obrigação de criar internamente as referências de identidade, sem poder contar com os referenciais externos, que se tornaram frágeis, instáveis e cada vez menos consistentes.

A sociedade de consumo oferece muitas imagens como modelos de ideal do eu, imagens sem nenhuma consistência, segundo as quais a posse de determinado produto faria ingressar no reino da felicidade. A felicidade baseada na esperança e na aposta no ideal do eu torna-se um mero punhado de coisas, imagens estáticas sem qualquer valor social. Nos modelos do início do século XX, os referenciais incluíam valores como ser uma pessoa de bem, ser solidário, ter princípios morais etc. Havia nas imagens referenciais éticos e valores subentendidos, apontados ou rigorosamente descritos. Não quero de maneira nenhuma dar a entender que valorizo o modelo de referências externas; elas eram, na maior parte das vezes, fruto de uma manipulação ideológica cujos objetivos nada tinham de louváveis. Quero ressaltar, porém, que elas davam margem ao acoplamento da sublimação na formação dos ideais, o que não parece óbvio na sociedade de consumo atual. Nesta, os objetos são oferecidos como ornamentos fundamentais para construir a imagem do ideal. Este deixa de ser um modelo de como o sujeito deseja ser no futuro e passa a ser o que ele precisa ter para ser uma imagem. A composição do ideal do eu deixa de ser uma imagem que contém uma subjetividade, que contém valores, e se torna mero ícone.

Recentemente foi veiculado na televisão um programa sobre o tráfico de drogas no Rio de Janeiro. Nele perguntaram a um menino que trabalha com venda de drogas por que fazia aquilo, ao que ele respondeu: "Para ganhar dinheiro". Perguntaram então o que ele queria fazer com o dinheiro, e ele respondeu: "Com esse dinheiro, eu compro um tênis Nike e roupa na Toulon e viro gente". Ser gente, portanto, é uma imagem que precisa de complementos como o tênis e a roupa da grife tal. É pura imagem. O que pensar, os princípios, as questões existenciais do sujeito que tem esses objetos não estão em questão. Como se a imagem, com esses emblemas, falasse por si só. *Ter* esses objetos é *ser* alguma coisa que não precisa de predicados.

Para a constituição do ideal do eu, a sociedade pós-moderna, com todas as mudanças apontadas, só oferece a possibilidade de idealizações sem nenhuma necessidade sublimatória. Como explorado em outros trabalhos,[2] as idealizações que constituem o ideal do eu podem ter origem num modelo identificatório histérico ou num modelo identificatório melancólico. O resultado deste é o vazio, a depressão, para os quais a indústria farmacêutica rapidamente oferece outro objeto, que vem em socorro do sujeito prometendo alívio e felicidade.

Referências

Baas, B. (1992). *Le désir pure*. Peeters.

Freud, S. (1984a). Introducción del narcisismo. In S. Freud, *Obras completas* (J. L. Etcheverry, Trad., Vol. 14, pp. 65-98). Amorrortu. (Trabalho original publicado em 1914).

2 Ver, por exemplo, "Narcisismo, sexualidade e morte" e "As novas subjetividades, a melancolia e as doenças autoimunes", ambos presentes neste volume.

Freud, S. (1984b). Psicología de las masas y análisis del yo. In S. Freud, *Obras completas* (J. L. Etcheverry, Trad., Vol. 18, pp. 63--136). Amorrortu. (Trabalho original publicado em 1921).

Freud, S. (1984c). El yo y el ello. In S. Freud, *Obras completas* (J. L. Etcheverry, Trad., Vol. 19, pp. 1-66). Amorrortu. (Trabalho original publicado em 1923).

Freud, S. (1986). El malestar en la cultura. In S. Freud, *Obras completas* (J. L. Etcheverry, Trad., Vol. 21, pp. 57-140). Amorrortu. (Trabalho original publicado em 1930).

5. Narcisismo, sexualidade e morte[1]

Romeu e Julieta são personagens que até hoje parecem sintetizar de forma exemplar a adolescência. Ali todos os exageros parecem naturais, os gestos são largos, o texto é cheio de exuberância de sentimentos, emoções e dramaticidade. Mas além disso, segundo Harold Bloom, é nessa peça que "Shakespeare, mais do que qualquer outro autor, instruiu o Ocidente sobre as catástrofes da sexualidade" (1998/2000, p. 126).

Para Freud, a sexualidade foi sempre o pilar mais significativo na sustentação teórica da psicanálise. Em entrevista concedida a George Sylvester Viereck em 1926, ele afirmou: "Eu posso ter errado em muitas coisas, mas estou certo de que não errei ao enfatizar a importância do instinto sexual" (1926/1988, p. 57). Na obra freudiana, a sexualidade está muitas vezes associada à genitalidade. Ao longo desta obra, a concepção se amplia, abrangendo toda a superfície corporal. Podemos supor, então, que a ideia de sexualidade vem fornecer a Freud a ponte tão almejada

1 Uma versão anterior foi publicada originalmente em: Cardoso, M. R. (Org.). (2001). *Adolescência: reflexões psicanalíticas* (pp. 69-79). Nau.

por ele, capaz de vincular o somático e o psíquico. Durante um bom tempo, a sexualidade não é, em psicanálise, um conceito tão abstrato assim. Pelo contrário, é o articulador necessário de uma dupla face: de um lado, o corpo, a superfície material, a ordenação somática etc.; do outro, o anímico, o aparelho de representações. Desde o início de sua obra, porém, a proposta de Freud é conceber a sexualidade humana como artífice da constituição do aparelho psíquico. Há, portanto, na concepção psicanalítica da sexualidade, uma função de articulação entre o corpo e o psíquico, mas há também uma função de abrangência, de metaforização da própria condição humana.

Acreditamos que a adolescência é o momento exemplar para compreender esta dupla função da sexualidade: como conceito articulador entre o psíquico e o somático, e como metáfora da condição humana. Por essa razão, é também o momento em que todas as feridas e todas as fragilidades ficam expostas. O despertar para a sexualidade genital, a castração, o dispositivo narcísico e as possibilidades que a sociedade pós-moderna oferece para lidar com essas questões são os temas que percorreremos neste trabalho, a fim de compreender as dificuldades da adolescência nos dias de hoje.

A sexualidade, a solidão e a morte

Na concepção freudiana, o término do complexo de Édipo é seguido pelo período de latência, devendo ser entendido como a aceitação do interdito do incesto e o reconhecimento, por parte da criança, da condição de ser ainda fisicamente imatura para ter uma relação sexual genital. Desse modo, na latência, a criança desviaria todo o investimento sexual do desejo incestuoso para o saber. Essa é uma das primeiras acepções dadas por Freud do conceito de sublimação.

> *Provavelmente, às expensas das próprias moções sexuais infantis, cujo afluxo não cessa nem mesmo durante esse período de latência, mas cuja energia – na totalidade ou em sua maior parte – é desviada do uso sexual e voltada para outros fins. Os historiadores da cultura parecem unânimes em supor que, mediante esse desvio das forças pulsionais sexuais das metas sexuais e por sua orientação para novas metas, num processo que merece o nome de sublimação, adquirem-se poderosos componentes para todas as realizações culturais. (Freud, 1905/1978, p. 161)*

A latência é, portanto, um desvio da libido sexual e um adiamento necessário diante da imaturidade física da criança para a prática sexual genital adulta. Nessa configuração, desvio e adiamento mantêm uma relação crucial, pois, com o interdito do incesto, o mais fácil para a criança seria desviar o investimento sexual para outro objeto; no entanto, como a criança ainda é imatura fisicamente para exercer a sexualidade genital, o investimento deverá se desviar do alvo, ou seja, do objeto. Como possível saída para esse impasse, o investimento volta-se para o saber. Freud propõe essa alternativa diante do impasse produzido pelas questões edipianas, designando-a como sublimação. Assim, podemos dizer que a latência adia o que certamente um dia deve retornar: a busca do prazer genital e a ultrapassagem da questão edipiana.

Na perspectiva psicanalítica, a adolescência só pode ser entendida como esse momento de retorno de uma questão adiada. Não podemos definir adolescência de outra maneira, por meio de um viés puramente hormonal, metabólico ou de mudança corporal, ou do ponto de vista de uma faixa etária. A adolescência é a hora H em que o que ficou para trás, aguardando uma solução, retorna para ter um destino.

E o que exatamente retorna? A questão edipiana com a efervescência da sexualidade genital, exigindo o abandono do objeto de desejo interditado para que seja possível o investimento em novos objetos. Colocada dessa forma, a questão parece simples. Afinal, a inscrição da castração já se deu na conclusão do complexo de Édipo que antecede o período de latência, e o interdito já está inscrito. Por que pensar, então, que o edipiano retornaria? Ou ainda por que pensar que é preciso abandonar de vez o objeto de desejo interditado? Na verdade, na adolescência, as questões edipianas parecem ressurgir com força muito maior. Isso acontece porque o objeto abandonado não é somente o objeto a partir do qual todos os outros - que se constituirão como objeto de desejo do adolescente e do adulto - derivarão, meros disfarces, cópias ou simulacros, conforme Freud apontou em "Introdução ao narcisismo" (1914/1984b). O objeto abandonado é também, e principalmente, o objeto primeiro que inventou narcisicamente o sujeito, que lhe permitiu um dia acreditar ser aquele que tudo sabia sobre esse objeto. Por ter sido alvo do investimento e depositário do narcisismo das figuras que compõem a trama edipiana, o adolescente acreditava ainda ter "garantido", por parte das figuras parentais, um afeto incondicional.

A força dessa disposição é atestada nas relações de sociedade, criadas pelo ser humano. Sabemos que todas as relações podem ser desfeitas, salvo as de filiação, que permanecem para sempre. Não se pode falar de ex-pai, ex-filho, ex-mãe; os laços de filiação não são passíveis de dissolução simbólica. Dar as costas para esse objeto é a dura missão do adolescente, pois o objeto substituto jamais apresentará as mesmas "garantias" do afeto incondicional das figuras parentais, não importando aí o quanto isso seja ilusório.

Como consequência das turbulências internas, que são fruto desse trabalho psíquico a ser empreendido, os adolescentes apresentam, com frequência, oscilações de humor e ambivalência de sentimentos em relação às figuras parentais. Muitas vezes, será preciso macular a imagem dos objetos edipianos, que serão desalojados do lugar de ídolos que ocuparam na infância do adolescente, passando a ser apontados como seres "menores", que "nada sabem". Será preciso destituir os objetos parentais das idealizações para poder procurar novos objetos fora do círculo familiar – tarefa árdua, que implica muitas perdas. Assim, podemos observar que, antes de ir em busca de novos objetos, os adolescentes recuam, tentam disfarçadamente um novo investimento nos objetos edipianos, buscando resgatar uma situação narcísica "perdida" na ameaça de castração. É inegável que os objetos do mundo atraem por serem diferentes, misteriosos. Todavia, não apresentam garantia alguma.

Junto com essa dinâmica, e certamente agravando-a, o adolescente se defronta com as mudanças corporais. Aquilo que, de maneira tímida, se mostrou na infância como o próprio ideal do eu – ser grande, forte, mais independente – parece acontecer. Ferenczi, ao estabelecer o conceito de introjeção, apresenta o processo de identificação como, num primeiro momento, identificação com a onipotência das figuras parentais:

> *Os objetos de amor são introjetados: são mentalmente integrados ao ego. A criança ama seus pais, ou seja, identifica-se com eles, sobretudo com os do mesmo sexo – o menino com o pai, a menina com a mãe –, vendo-se assim em todas as situações em que se encontra aquele dos pais que tiver sido objeto de identificação. Nessas condições, a obediência deixa de ser um desprazer; o menino sente inclusive satisfação diante das manifestações da onipotência paterna, dado que em suas fantasias apodera-se dessa potência e, portanto, está obedecendo somente a si mesmo quando se dobra à vontade paterna. (1909/1991, p. 84)*

Sem dúvida, todas essas identificações implicam uma identificação com a imagem corporal das figuras parentais. Ser grande, ter um corpo adulto, foi um dia tudo o que se quis, pois ser grande era ser como os adultos, os pais, e isso era sinônimo de ser forte, livre, onipotente. O corpo de criança, que se transforma em corpo de adulto, parece se livrar da humilhação de "ser pequeno", mas em contrapartida a conquista do corpo de adulto aponta para novas dificuldades. Sair da infância é sair do mundo com "garantias" e, principalmente, sair do mundo da proteção.

O corpo que muda passa a ser o corpo jovem, o corpo com formas bem delineadas, mas é como se, nesse momento, esse corpo entrasse também na roda do tempo: é o corpo que vai envelhecer. Diante disso, o dispositivo da onipotência narcísica vem como defesa radical. O corpo do adolescente, confrontado com a mortalidade, desafiará a castração como se fosse imortal. A mortalidade, ele reserva ao vizinho, aos outros, como se para si mesmo ela não existisse. Os desafios e os riscos com que o adolescente se confronta têm a dimensão da negação da sua condição de mortal. Em face da finitude, ele lança mão de toda a onipotência, como se fosse Highlander. O corpo da criança cresce; o corpo do adulto não cresce mais: envelhece. Entrar na roda do tempo é tornar-se mortal. A vida passa a ser concebida na sequência da temporalidade: passado, presente e futuro. A sexualidade genital é esse momento de passagem para a entrada na roda do tempo, com toda a dor e a delícia que isso comporta.

O que essas considerações apontam, em última instância, é que a questão central da adolescência é a própria castração, entendendo-se pelo conceito o que ele tem de dimensão estruturante e, portanto, de aceitação da condição humana. Ou seja, a entrada na sexualidade genital tem a dimensão metafórica da castração. Desejar é sair da ilusão da suficiência; é entrar no mundo da parcialidade, da complementaridade; é ter que conviver, daí para frente, com a dimensão solitária da vida, com o não partilhável das relações de objeto, que algumas vezes possibilitam encontros, e outras, desencontros.

A questão narcísica: onipotência e desamparo

Se por um lado todas essas considerações remetem à questão da castração, por outro o que sustenta essa disposição é a questão narcísica. A proteção narcísica se faz lançando mão do funcionamento libidinal, ou seja, se dá por aglutinação, apropriação de tudo, homogeneização dos componentes, transformação do estranho em familiar.

> *Eliminando diferenças, tornando semelhante, derrubando barreiras, tapando vazios, transformando enigmas em obviedades, assim é a libido, assim é o narcisismo. Fazer do outro eu próprio, do misterioso o mais claro, pasteurizando as diferenças. Desse modo torna-se possível a onipotência tão decantada do narcisismo. Espanta-se o desamparo, a falta, a precariedade humana. É, afinal, contra isso mesmo que o narcisismo se ergue, como a outra face da pulsão de morte, da agressividade, então, dirigida para fora, para o outro, para o que não aceita ser familiar e igual, aquilo que insiste na dessemelhança e transforma o estranho em perigoso inimigo. Construímos o edifício narcísico para podermos um dia aceitar a castração. (Pinheiro, 1995b, p. 50)*

Nesse sentido, não existe nenhuma novidade em dizermos que a adolescência remete, necessariamente, ao narcisismo. Muito já se falou da onipotência da adolescência e do seu avesso, a melancolia. Se afirmamos que a adolescência é esse momento de ajuste da aceitação da castração, também não podemos deixar de afirmar que o narcisismo é sempre o recurso rebelde diante da castração. Frente ao desamparo, à impotência, ao não saber, à fragilidade, ergue-se a fortaleza da onipotência, plena de certezas, verdades absolutas e imortalidade – algo característico da melancolia. Além disso, é preciso pensar também no que podemos designar como o acerto edipiano.

Quando Freud (1914/1984b) diz que a subjetividade é uma invenção narcísica do sujeito, ou seja, que é o narcisismo das figuras parentais – ou dos adultos que se ocupam da criança – que inventa o narcisismo do *infans* (Pinheiro, 1995a), devemos levar em conta que é desse narcisismo que os adultos inventores vivem, por retroalimentação. Nesses termos, instala-se um sistema narcísico entre os adultos e a criança. Assim, em contrapartida, Sua Majestade, o bebê vai idealizar seu inventor, aquele que um dia idealizou a sua própria invenção. O que vemos, portanto, é que a adolescência é o momento de resolver as questões edipianas, tanto para o adolescente quanto para os outros membros desse trio. A estranheza parece óbvia, de um lado e do outro. Como abdicar desse amor edipiano? Como deixar de ser o ídolo, a referência primeira? Como sair do lugar de herói e princesa que os pais ocuparam para o bebê nesse jogo de Sua Majestade, o bebê? A movimentação interna não diz respeito somente ao adolescente: estão todos envolvidos. Com a mudança de corpo, os pais também se enxergam mais velhos.

Nessa hora, é preciso que o adolescente encontre onde escoar a onipotência e o seu avesso de tristeza, luto e solidão. A cultura já ofereceu alguns atrativos que se constituíram como fundamentais: lutas estudantis e políticas, torcidas de festivais, *shows* de ídolos. Por esses caminhos, o adolescente podia se sentir forte, poderoso, imortal, produzindo fantasias impossíveis, que alimentavam seu universo amoroso e permitiam escoar todas as lágrimas. O que é possível para o adolescente hoje? Um mundo de passividade diante da imagem, onde o valorizado parece ser o que se tem, e não o que se é. No mundo do espetáculo, resta ser espectador de imagens – vale a imagem do que se vê e a imagem do que se mostra. As meninas sonham com a profissão de modelo (cuja carreira as agências informam começar aos 13 anos, pois aos 15 já são "velhas demais"), e os meninos lutam por um corpo "sarado", modelado músculo por músculo (para isso, passam horas na academia, tomam anabolizantes, complexos vitamínicos e de proteína, levantam halteres exagerados para sua idade e peso, e frequentemente por essa razão têm problemas de saúde). Sem isso, muitos adolescentes se sentem fora do seu meio, sem turma, excluídos, e a diferença, nesse caso, pode acarretar sentimentos de vazio e angústia. A construção de modelos é necessária para que o adolescente constitua uma identidade, para que ele redimensione seu referencial identificatório. Segundo Freud, o eu é um precipitado de identificações, e a adolescência é o momento em que essas identificações parecem frágeis, precisando se reorganizar. Erigir modelos para ser possível a identificação é algo essencial nesse momento.

A cultura pós-moderna e os ideais

Na sociedade contemporânea, há oferta de várias imagens como modelo de ideal do eu,[2] com a promessa de entrar no reino da felicidade mediante o consumo de determinado produto. Assim, em vez de uma imagem que contém uma subjetividade, baseada em *ser*, o ideal do eu se torna mero ícone, baseado em *ter*. Ter os objetos anunciados é ser algo que dispensa predicados.

A sociedade pós-moderna – com as mudanças trazidas pelo feminismo e pela pílula anticoncepcional, e também com os

2 Esse tema é amplamente debatido por Calligaris (1996), Costa (1994) e Lasch (1979/1983).

fenômenos da sociedade de consumo, da globalização e da hegemonia do neoliberalismo – impõe ao adolescente uma nova maneira de se constituir subjetivamente. Temos uma sociedade que não produz lideranças políticas ou movimentos políticos que mobilizem a população, sobretudo os jovens, oferecendo para a constituição do ideal do eu somente a possibilidade de idealizações que não comportam nenhuma necessidade sublimatória. Podemos dizer que as idealizações implicam processos distintos, como é o caso das identificações (Pinheiro, 1999). As identificações que Freud pensou a partir das histéricas eram as identificações por traços, em que o objeto era interpretado e dele o sujeito recolhia um traço para identificação. É por meio desse modelo que podemos conceber o eu como um precipitado de identificações. Tal processo de identificação pressupõe, por sua vez, uma possibilidade fantasmática. No modelo por traços, só posso me identificar se puder me colocar no lugar do outro, se puder achar que desse modo tenho acesso à sua subjetividade a ponto de interpretá-la. Essa forma fantasmática visa desvendar a subjetividade do outro, mas aceita o engano, a dúvida – aceita sobretudo que algo possa escapar dessa apropriação.

No modelo melancólico, a identificação é feita por apropriação do objeto como um todo, de uma imagem total, mimeticamente. O objeto torna-se um posseiro, como na célebre frase de Freud: "A sombra do objeto caiu sobre o eu" (1917/1984a, p. 246). O eu deixa de ser um precipitado de identificações, enriquecido de introjeções, como acontece na proposta ferencziana, para se tornar uma cópia do objeto. Haveria aí um modelo fantasmático totalmente diverso do modelo histérico, uma construção fantasmática sem movimento, uma imagem parada, em que os personagens são anônimos.

As idealizações que constituem o ideal do eu podem perfeitamente ter sua origem num modelo identificatório histérico ou melancólico. O resultado diante desse último é o vazio, a depressão, para os quais a indústria farmacêutica rapidamente oferece outro objeto – Prozac e outros –, que vem em socorro do sujeito prometendo não só alívio, mas também felicidade.

A infância e a adolescência são os momentos mais ricos das construções fantasmáticas. São elas que tecem o que se chama de subjetividade. O mercado de consumo centrado nessa faixa etária está voltado para a indústria do espetáculo, para a produção de imagens com ou sem som, colocando o consumidor na posição passiva de espectador ou de agente anônimo no universo dos internautas e seus *chats*. Aos 8 anos, as meninas se vestem como moças adultas e colecionam Barbies – bonecas que já nascem adultas e sem passado. O mundo contemporâneo parece muito mais propício às subjetividades melancólicas que às histéricas. Não queremos dizer com isso que os adolescentes estejam melancólicos. A adolescência é tão próxima das defesas histéricas, como podemos ver em Romeu e Julieta, quanto da sua contraface melancólica, com defesas onipotentes ou angústias e depressões típicas da idade. O que queremos apontar é como a sociedade de consumo proporciona poucas alternativas para as fantasias histéricas, quase não deixando margem ao adolescente para ancorar suas fantasias e construir ideais menos opressores.

A melancolia vem sendo considerada uma questão fundamental nas últimas décadas, diferentemente do que aconteceu no início do século XX, quando os sintomas histéricos eram mais frequentes. Hoje os pacientes parecem mais próximos da metapsicologia melancólica e apresentam, mesmo não sendo melancólicos, toda uma gama de sintomas que remetem mais à melancolia do que à histeria. Sem dúvida, a indústria farmacológica aposta tudo nisso, prometendo às novas subjetividades pílulas da felicidade. Por sua vez, a psiquiatria dita biológica constrói síndromes de pânico, de timidez, de transtornos obsessivo-compulsivos, que serão facilmente curadas ou controladas pela prescrição de alguns comprimidos.

Para o emagrecimento ou para as fibromialgias, o mesmo medicamento: antidepressivos.

O tema não é fácil. É preciso ousar pensar novas saídas e novas propostas teóricas. A psicanálise com certeza tem muito a dizer sobre a questão, e tem também condições para lidar com ela de maneira diferente das soluções miraculosas da psicofarmacologia, que às vezes trata o corpo do adolescente como faz o melancólico – como "uma estranha máquina suspirante".

Referências

Bloom, H. (2000). *Shakespeare: a invenção do humano* (J. R. O'Shea, Trad.). Objetiva. (Trabalho original publicado em 1998).

Calligaris, C. (1996). *Crônicas do individualismo cotidiano*. Ática.

Costa, J. F. (1994). *A ética e o espelho da cultura*. Rocco.

Ferenczi, S. (1991). Transferência e introjeção. In S. Ferenczi, *Obras completas* (A. Cabral, Trad., Vol. 1, pp. 77-108). Martins Fontes. (Trabalho original publicado em 1909).

Freud, S. (1978). Tres ensayos de teoría sexual. In S. Freud, *Obras completas* (J. L. Etcheverry, Trad., Vol. 7, pp. 109-224). Amorrortu. (Trabalho original publicado em 1905).

Freud, S. (1984a). Duelo y melancolía. In S. Freud, *Obras completas* (J. L. Etcheverry, Trad., Vol. 14, pp. 235-256). Amorrortu. (Trabalho original publicado em 1917).

Freud, S. (1984b). Introducción del narcisismo. In S. Freud, *Obras completas* (J. L. Etcheverry, Trad., Vol. 14, pp. 65-98). Amorrortu. (Trabalho original publicado em 1914).

Lasch, C. (1983). *A cultura do narcisismo* (E. Pavaneli, Trad.). Imago. (Trabalho original publicado em 1979).

Pinheiro, T. (1995a). Algumas considerações sobre o narcisismo, as instâncias ideais e a melancolia. *Cadernos de Psicanálise*, *12*(15), 20-28.

Pinheiro, T. (1995b). *Ferenczi: do grito à palavra*. Jorge Zahar; UFRJ.

Pinheiro, T. (1999). Sublimação e idealização na obra de Freud. *Cadernos de Psicanálise*, *15*(18), 11-24.

Viereck, G. S. (1988). O valor da vida: uma entrevista rara de Freud (P. C. Souza, Trad.). *Ide*, *15*, 54-58. (Trabalho original publicado em 1926).

6. Texto imagético: parnasianismo e experiência analítica[1]

Nos últimos anos, pesquisando o que seriam os ditos casos difíceis da atualidade e os traços que os compõem, estivemos clinicamente confrontadas com uma descrição nosográfica muito semelhante àquela presente na metapsicologia da melancolia. Neste capítulo, abordaremos a questão da linguagem desses pacientes, a partir do que foi definido como *discurso imagético* (Pinheiro, 1993a). Apresentados os principais traços desse discurso, faremos uma aproximação entre as imagens produzidas no *setting* analítico e algumas narrativas que descrevem a paisagem do sertão.

Propomos que determinadas representações do sertão ilustram o texto desses casos clínicos, em que as configurações da alteridade evocam aquelas descritas na metapsicologia da melancolia, entre elas as imagens de desertificação e de um horizonte que não modula fronteiras, legendadas pela narrativa sobre um Outro dotado de poder incontestável (Martins, 1999). Traçaremos então um paralelo entre essa modalidade discursiva e alguns exemplos da

1 Texto escrito com Karla Patrícia Holanda Martins; uma versão anterior foi publicada originalmente em: Lo Bianco, A. C. (Org.). (2001). *Formações teóricas da clínica* (pp. 57-72). Contra Capa.

literatura brasileira do fim do século XIX e início do século XX, em especial aqueles comprometidos, direta ou indiretamente, com a tese da construção da nacionalidade.

A exemplo de *Os sertões*, de Euclides da Cunha, a descrição que marca o estilo de tais narrativas parece ter forçado determinado uso das palavras, conduzindo os que as empregavam a um domínio que é menos do recobrimento e da memória que da catalogação:

> *Então, a travessia das veredas sertanejas é mais exaustiva que a de uma estepe nua. [...] A caatinga o afoga; abrevia-lhe o olhar; agride-o e estonteia-o; enlaça-o na trama epinescente e não o atrai; repulsa-o com as folhas urticantes, com o espinho, com gravetos estalados em lanças; e desdobra-se-lhe na frente léguas e léguas, imutável no aspecto desolado: árvores sem folhas, de galhos estorcidos e secos, revoltos, entrecruzados, apontando rijamente no espaço ou estirando-se flexuosos pelo solo, lembrando um bracejar imenso, de tortura, da flora agonizante... (Cunha, 1902/2013, pp. 40-41)*

Nesse trecho, vê-se a descrição do espaço conduzida pela desolação e pela agonia ante um horizonte devastado, monótono, sem variantes e diferenças – uma narrativa que, alegoricamente, retraça os descaminhos do eu diante da alteridade, tal como disse uma paciente sobre sua origem: "Como se pode supor a existência de alguém nascido de uma tal árvore seca? Só frutos podres".

Também há semelhanças entre o discurso imagético e algumas das características do estilo parnasiano, principalmente no que se refere ao rigor com a linguagem, à clareza e à escolha de palavras precisas, numa métrica que por vezes sacrifica o lirismo em nome da descrição das paisagens, da objetividade no trato dos temas e, principalmente, do culto à forma. Eis como Alfredo Bosi define a poesia parnasiana:

> *Na origem, a poesia que se seguiu à dos românticos tendeu a diferenciar o momento emotivo pelo registro mais atento das sensações e das impressões, deslocando assim a tônica dos sentimentos vagos para a visão do real. Baudelaire falava em "moral das coisas", o que não significava impassibilidade, mas objetividade. [...] O parnasianismo típico acabará deleitando-se na nomeação de alfaias, vasos e leques chineses, flautas gregas [...], ídolos de gesso em túmulos de mármore [...], e exaurindo-se na sensação de um detalhe ou na memória de um fragmento narrativo. Entre a sua atitude estética e a de um pintor impressionista há uma diferença de peso: a mão deste é mais leve, mais pura, menos carregada de intenções; mas* subsiste em ambos como fundo comum a ambição de fixar meridianamente o jogo das impressões visuais. *De tal poética nasce a composição do* quadro, da cena, do retrato. *(1994, pp. 220-221, grifos nossos)*

O texto imagético na experiência analítica

Na experiência analítica, o texto imagético se sobressai por meio da descrição minuciosa de um cenário que captura a linguagem numa concretude espacial, delimitando uma narrativa muito distante do que propõe o convite freudiano à associação livre. A necessidade de certos pacientes de descrever e recensear o espaço analítico ilustra essa perspectiva. Para eles, é como se pudessem, com o vocabulário adequado e o manejo correto das regras da sintaxe, descrever o mundo com uma precisão que deixaria todos os ouvintes diante da mesma cena, anulando, em nome de tal projeto, a ambiguidade e a polissemia das palavras: uma proposta de univocidade, de texto científico, verdadeiros teoremas matemáticos, assépticos e monocórdicos.

Por meio da descrição, a linguagem se transforma num instrumental que, para ser eficaz, depende apenas da maestria de quem o utiliza, perdendo desse modo sua função interpretativa. Não há entrelinhas, modulações da voz, lapsos ou deslizamentos. Realiza-se uma assepsia no que poderia produzir efeitos de deslize e equivocação, e provocar confusão, engano, desencontro ou erro. O percebido jamais é apresentado como singular: entra na categoria dos universais. Esse projeto unívoco, contudo, nos parece distinto do que, na psicose, chamamos de tomar a palavra pela coisa. Na melancolia, as palavras não são coisas: atadas ao referente, são absolutas. No reinado da percepção, a linguagem não é um instrumento que constrói e transforma o mundo, mas antes o mundo é o equivalente do percebido.

Nesse sentido, a questão da ambivalência na metapsicologia da melancolia (Freud, 1917/1984) faz avançar as considerações freudianas sobre o eu. Na patologia melancólica, o que parece impossível é justamente se deparar com a ambivalência, o paradoxo e a contradição. Nesse sentido, pode-se perguntar se ambivalência e ambiguidade não são pares necessários. Uma é solidária à outra: a não entrada no mundo da ambivalência impede o acesso à ambiguidade, ao deslizamento, ao engano, ao tropeço, à polissemia; ao mesmo tempo, sem a ambiguidade não se pode aceitar ou compreender a ambivalência e tudo o que ela acarreta.

Por fim, o absoluto que domina o estilo narrativo aparece também na rigidez moral. O mundo melancólico parece dividido de forma maniqueísta: o certo está de um lado; o errado, do outro. O mesmo procedimento é usado para o justo e o injusto, o verdadeiro e o falso. São campos que não se misturam, jamais faces de uma mesma moeda; ao contrário, são matérias de composição incompatível, azeite e água.

Luto e melancolia

O projeto de dispor de um discurso unívoco impõe também algumas questões teóricas interessantes ligadas ao luto e à melancolia. Ao traçar a metapsicologia da melancolia, Freud (1917/1984) propôs que a mola mestra da distinção entre o luto e a melancolia está no destino reservado a cada um deles: findo o processo, o luto abandona o objeto, tornando o sujeito capaz de investir novamente no mundo, na vida e em outros objetos, ao contrário do que acontece na morosidade da melancolia, que parece não ser capaz desse tipo de término.

A segunda diferença indicada por Freud diz respeito à vergonha ou às autoacusações. No luto, as possíveis autoacusações parecem se referir unicamente a um processo elaborativo e, portanto, portador de ambiguidade. É preciso apenas que outra pessoa concorde ou consinta nessa acusação para que o sujeito tire da manga todas as argumentações que seu narcisismo for capaz de fornecer, de modo a desmentir as acusações uma a uma. Já o melancólico, diante da concordância ou do consentimento do outro, tem por ele respeito e admiração. O melancólico não tem vergonha das acusações que faz a si: o narcisismo não o socorre com a ilusão, mas com o orgulho por sua lucidez, por seu saber sobre a dura realidade da condição humana (Pinheiro, 1993b).

A univocidade das palavras impede qualquer associação, qualquer deslizamento. As palavras são tomadas como conceitos, verdades absolutas, sem nenhuma abertura para outra interpretação. A subjetividade melancólica parece não trabalhar no registro interpretativo, porém em outro, mais duro, seco e asséptico. O tempo é mais lento; as cenas, mais paradas; o vento nada modifica na paisagem. Esse discurso traz em seu bojo uma ética e uma estética que aproximaremos de alguns traços do movimento parnasiano, principalmente em sua oposição ao romantismo, e da tese da nacionalidade mestiça, que, mesmo não estando contida nesse movimento, veio nele ancorar-se.

Parnasianismo: a insurgência contra o idealismo romântico

Segundo Alfredo Bosi, Alberto de Oliveira (1857-1937), com seus poemas "Vaso chinês" e "Vaso grego", é a expressão máxima da pretensa objetivação: "A rigidez no nível prosódico ajustava-se àquelas pretensões de impassibilidade" (1994, p. 223). Já no escritor Raimundo Correia (1859-1911) acentua-se o traço de pessimismo, que também marcara outros autores parnasianos. Em Correia, a percepção negativa do mundo – chamado "agra região da dor" – ganha, nas palavras de Bosi, "um breviário do desengano" (p. 225).

Em *De Anchieta a Euclides*, José Guilherme Merquior afirma o seguinte sobre o parnasianismo:

> *A redação elaborada e refletida de Flaubert e dos parnasianos é o primeiro grande exemplo do estilo castigado, fascinado pela "palavra exata". Além disso, deixando de equivaler a uma expressão da alma, a criação literária passa a aspirar à impessoalidade. [...] Literatura parnasiana é isto: jogo de estilo que* se afasta da busca incessante, pela linguagem poética, de uma interpretação da experiência humana. *(1979, pp. 105 e 108, grifo nosso)*

Longe da interpretação, aspirando à impessoalidade e à palavra exata, opondo-se a uma visão de mundo basculada pelo "ridículo sentimentalismo", tanto o discurso melancólico como o projeto parnasiano reagem ao enfeite, à sensualidade, ao drama. O mundo é retrato, cópia. Embora a idealização não seja do tipo romântico, é claramente expressão de ideais totalizantes. Será que podemos tomar a reatividade parnasiana ao romantismo como ilustração da que se estabelece entre os discursos histérico e melancólico?

A nacionalidade triste: o deslocar de um corpo vivo ao emblema

Embora o realismo parnasiano pretendesse um rompimento com os ideais românticos, entre eles um certo ideal de nação (Bosi, 1994), foram os versos épicos sobre a história nacional do parnasiano Olavo Bilac (1865-1918) que permaneceram como símbolos do nacionalismo. Como Alfredo Bosi destaca, o poeta foi, do ponto de vista ideológico, um dos mais conservadores aos ardores da República:

> *Um meufanismo estático e vazio, amante da tradição pela tradição considerada em si mesma como beleza. Bilac, poeta dos nautas portugueses em Sagres e dos bandeirantes no "Caçador de Esmeraldas", será também o cantor cívico da bandeira, das armas nacionais [...] Acrescentar-se-ia a esse traço a inflexão crepuscular que marcaria os sonetos de "Tarde", no qual o exaltado nacionalismo ("Pátria, latejo em ti") sobreleva os ardores sensuais em declínio ("Sou como um vale, numa tarde fria") e avultam as sombras de outono. Digam-nos os títulos de alguns sonetos: "Sonata ao crepúsculo", "O crepúsculo da beleza" [...], "A um triste" [...], "Marcha fúnebre". (1994, p. 228)*

O movimento parnasiano reagia principalmente ao ideário de nação contido no indianismo literário. Nada mais distante dos ideais positivistas, característicos da crítica literária da chamada geração de 1870, do que a possibilidade de se reconhecer na ideia de brasilidade, contida por exemplo em *Iracema*, de José de Alencar. A representação positiva do desaparecimento do índio contornaria o problema da diversidade salvando o ideário de união nacional: um só povo, uma só nação (Porto Alegre, 1994). O imaginário do mito Iracema se naturaliza acossado pela nostalgia, pelo fatalismo e pela resignação desse ideário, "na forma mais conservadora e perversa da poderosa metáfora sincretista do 'cadinho das raças' da cultura brasileira, *no qual não há espaço para a diferença* das 'três raças tristes' cantadas por Olavo Bilac" (p. 39, grifo nosso).

Se na idealização romântica de José de Alencar aparece a sensualidade do mito Iracema, em Olavo Bilac o também exaltado nacionalismo está representado, por exemplo, na bandeira nacional. Ao declinar da sensualidade, a austeridade parnasiana pôs o corpo erógeno em afania. O meufanismo estático e vazio, amante da tradição, considerada bela em si mesma, como definiu Alfredo Bosi, situa o projeto parnasiano ao lado daquele encontrado na clínica. Nesses casos, de modo similar, vemos o tópico de um corpo desencarnado, afetado pelo cansaço – o deslocar de um corpo vivo ao corpo-emblema.

Vicente Augusto de Carvalho (1866-1924), outro expoente da poesia parnasiana, considerado por Euclides da Cunha "o poeta naturalista", também expressou a atmosfera crepuscular, acompanhada de seu encanto pela natureza, no poema "Sugestões do crepúsculo":

Ao pôr do sol, pela tristeza
Da meia luz crepuscular,

Tem a toada de uma reza
A voz do mar.

Aumenta, alastra e desce pelas
Rampas dos morros, pouco a pouco,
O ermo de sombra, vago e oco,
Do céu sem sol e sem estrelas.

Tudo amortece; a tudo invade
Uma fadiga, um desconforto...
Como a infeliz serenidade
Do embaciado olhar de um morto.
(citado por Bosi, 1994, pp. 232-233)

Nas atitudes de imaginarização que configuram o exotismo, tanto europeias - autodepreciação e idealização do outro - como brasileiras - aviltamento da cultura alheia e exaltação da própria cultura (nacionalismo) -, Sérgio Paulo Rouanet (1999) identifica traços análogos aos da melancolia, tal como descrita por Freud. Para esse autor, o reaparecimento moderno do mito europeu do bom selvagem consiste numa atitude egocêntrica, expressão de um mero fantasma com nuanças melancólicas. Desse modo, se por um lado o mito europeu do bom selvagem e sua expressão ideológica no exotismo são um triste projeto construído por aqueles que se encantaram com a exuberância e o desconhecimento diante da "terra incógnita" (Holanda, 1959/2010), como afirma Rouanet, por outro sugere-se que o filho-herdeiro desse projeto é o homem forte descrito em *Os sertões* - texto que relata a resistência do homem diante da força indômita e da potência da alteridade (Martins, 2000).

Retomando a analogia proposta entre tais narrativas e aquelas encontradas na clínica contemporânea, acreditamos que a resposta exótica pode ser aproximada do que se costuma identificar como o dito da histeria, principalmente no que se refere à franca possibilidade da construção do enigma propriamente dito. No caso do texto imagético, o sujeito parece detido pelo fascínio da palavra: "Muito cedo descobri que só restava a palavra; assim, sou justa [...] Quando falo, quero precisão". Desse projeto, a paciente em questão derivava certo desprezo pelo que denominava "mundo da ilusão e do drama". Enquanto alguns pacientes partem do engodo e do enigma, outros interrompem o fluxo e o movimento potencialmente contidos na imagem. Surgem então cenas paradas e um discurso quase sempre pontuado pela queixa de um enorme cansaço: "Eu não sonho; não desse jeito que as pessoas dizem sonhar. Quando sonho, só tenho a primeira e a última cena; uma ponta, a outra, sem meio; imagens em preto e branco, nunca coloridas".

Diante de uma palavra do analista que pontua o particular no desejo do paciente, escutamos por vezes: "Isso é subjetivo demais". Num desses momentos, o texto se associava às matérias escolares; o rapaz exaltava o salto para o conhecimento representado pela proposta iluminista e pela ética protestante, concluindo: "Detesto o sertão: na literatura, no cinema... Aquelas imagens da fome, a fé, a procissão... Tudo é demais". A representação do sertão expressa por esse paciente denota sua aversão pelo universo dos excessos e pelo movimento da multidão. Esse é seu modo de apostar na unidade da razão, a configuração de seu sintoma.

Identificadas com o projeto de construção da nacionalidade, algumas narrativas produzidas no fim do século XIX e início do século XX elegeram o sertão como o espaço em que se projetavam as imagens formadoras desse projeto (Abreu, 1998). Tratava-se de considerar a presença e os deslocamentos ocorridos na representação do sertão, seja pela descrição da sua paisagem, seja pela proposição de um novo "tipo" brasileiro (mestiço) na idealização de um projeto nacional. Em *Diário de uma expedição*, Euclides da Cunha chegou a propor: "Depois de nossa vitória, inevitável e próxima, resta-nos o dever de incorporar à civilização esses rudes patrícios que – digamos com segurança – constituem o cerne de nossa nacionalidade" (1897/2000, p. 140). O espaço sertão foi assim deslocado do epicurismo presente nas descrições dos primeiros viajantes europeus para o estoicismo das obras de Euclides da Cunha e Coelho Neto. Neles, encontramos a descrição de uma natureza outonal e a proposição do sertanejo como um ser "forte", numa narrativa alternadamente triste e exaltada: um homem que se faz forte diante da terra ignota.

Mas se alguns atributos do "nosso" bom selvagem se estendem à compleição do sertanejo como "forte" e oferecem elementos a favor da tese da construção da nacionalidade, foi somente no espaço do sertão que uma narrativa sobre o conflito (a guerra) pôde ser construída, como realizou Euclides da Cunha. Num dos três tempos da Campanha de Canudos, imaginar o sertão foi descrever sua paisagem: "A terra". A afirmação de uma natureza vazia e ao mesmo tempo plena de excessos tornou possível a representação do sertão como um espaço de oposições e conflitos. Desse modo, a aversão à representação-sertão manifesta no discurso do paciente citado porta, paradoxalmente, seu projeto de negação das oposições e a radicalidade de uma afirmação que se pretende unívoca. Aqui também, perguntando em que a narrativa de encantamento se diferencia e às vezes se aproxima da notação realística, poder-se-ia pensar lado a lado as estratégias histérica e melancólica, respectivamente legendadas: "A guerra, um drama" *versus* "Uma guerra: sem drama!". Na clínica da melancolia, há uma narrativa que se constrói na descrição de um único opositor: é a guerra contra o Um. Os traços que fazem desse inimigo o número um não são deslocáveis para os outros personagens da realidade. Na histeria, por sua vez, o paciente elege vários opositores, ampliando e diversificando seu campo de batalha.

É verdade que o tema da natureza estava presente no exotismo encantado dos primeiros viajantes. A admiração de Euclides da Cunha pela natureza, contudo, não é pacífica. Sua estratégia de suavizar seu desconhecimento e suas dúvidas tinha como recurso o discurso científico. Por exemplo, em entrevista a Marcos Flamínio Peres (2000), Walnice Nogueira Galvão sustenta que o determinismo foi predominante ao longo das narrativas sobre a campanha, não havendo lugar para o tratamento romântico da natureza, nem para o romantismo heroico. Na descrição da terra, Euclides da Cunha concluiu: "A natureza compraz-se em um jogo de antíteses" (1902/2013, p. 55). O estilo de sua escrita acompanha e espelha a descrição de seu objeto – a terra. O sertão é ao mesmo tempo inferno dantesco e paraíso, e o retrato da caatinga monumental – seca, morta ou bela – se contrapõe aos movimentos da fauna sertaneja. O vivo, o que se movimenta vertiginosamente nessa obra, é a força do animal e do homem em seus deslocamentos, mas é também pela linguagem que o retrato de uma natureza morta ganha movimento. Passemos ao trecho em que Euclides descreveu as mais diferentes espécies da caatinga, um texto que, ao descrever o cenário, parece legendar e ao mesmo tempo antecipar sua escrita sobre "O homem". O eu, eclipsado na descrição, se expressa despudoradamente na interpretação, e a narrativa sobre a terra antecipa as imagens sobre o homem:

> *É possível que as primeiras vicejem, noutros climas, isoladas. Ali se associam. E, estreitamente solidárias as suas raízes, no subsolo, em apertada trama, retêm as águas, retêm as terras que se desagregam, e formam, ao cabo, num longo esforço, o solo arável em que nascem, vencendo, pela capilaridade do inextricável tecido de*

> *radículas enredadas em malhas numerosas, a sucção insaciável dos estratos e das areias. E vivem. Vivem é o termo – porque há, no fato, um traço superior à passividade da evolução vegetativa... [...] Têm o mesmo caráter os juazeiros [...] Sobre o depauperamento geral da vida, em roda, eles agitam as ramagens virentes, alheios às estações, floridos sempre, salpintando o deserto com as flores cor de ouro, álacres, esbatidas no pardo dos restolhos – à maneira de oásis verdejantes e festivos. [...] Os* mandacarus (Cereus jaramacaru*) [...] são novidade atraente, a princípio. Atuam pelo contraste. Aprumam-se tesos, triunfalmente, enquanto por toda a banda a flora se deprime. O olhar, perturbado pelo acomodar-se à contemplação penosa dos acervos de ramalhos estorcidos, descansa e retifica-se percorrendo os seus caules direitos e corretos. No fim de algum tempo, porém, são de uma obsessão acabrunhadora. Gravam em tudo uma monotonia inaturável, sucedendo-se constantes, uniformes, idênticos todos, todos do mesmo porte, igualmente afastados, distribuídos com uma ordem singular pelo deserto. (pp. 44-46)*

Descrevendo o umbuzeiro, conclui:

> *Realça-se-lhe, então, o porte, levantada, em recorte firme, a copa arredondada, num plano perfeito sobre o chão [...] Assim decotadas semelham grandes calotas esféricas.* Dominam a flora sertaneja nos tempos felizes, como os cereus melancólicos nos paroxismos estivais. *[...] são a nota mais feliz do cenário deslumbrante. [...] E o sertão é um paraíso. (pp. 50-51, grifo nosso)*

Em sua descrição da terra, a velocidade se interrompe, mesmo que a terra não se incompatibilize com a vida:

> *Não atraem. Pantenteiam sempre o mesmo cenário de uma monotonia acabrunhadora, com a variante única da cor: um oceano imóvel, sem vagas e sem praias. [...]* Barbaramente estéreis; maravilhosamente exuberantes... Na plenitude das secas são positivamente o deserto. *Mas quando estas não se prolongam ao ponto de originarem penosíssimos êxodos, o homem luta como as árvores, com as reservas armazenadas nos dias de abastança e, nesse combate feroz, anônimo, terrivelmente obscuro, afogado na solidão das chapadas, a natureza não o abandona de todo. Ampara-o muito além das horas de desesperança, que acompanham o esgotamento das últimas cacimbas. [...]* A natureza compraz-se em um jogo de antíteses. *(pp. 53-55, grifos nossos)*

Se para Walnice Nogueira Galvão (Peres, 2000) existe no texto de Euclides da Cunha uma contradição no nível do discurso, da linguagem, para Luiz Costa Lima o corte produtor de síntese na narrativa se faz presente na existência simultânea de dois campos, o da argumentação científica e o da ornamentação literária: "A literatura se apresentava em *Os sertões* como a *margem ornamental, a borda*, que embelezava o campo principal, cientificamente elaborado" (2000, p. 55). Essa solução espacial permitiria uma dupla inscrição, interpretada por Costa Lima como "um meio para que se mantivesse calada sua dúvida sobre os limites da ciência" (p. 55). Talvez isso nos ajude a pensar o texto imagético como uma derivação sintomática presente em determinada organização psíquica e que, mesmo construindo a coluna vertebral dessa organização, deve ser considerada arranjo ou estratégia. Vale lembrar que o crítico literário cearense Tristão de Araripe Júnior (1848-1911) já havia destacado "a 'alma de poeta' sob a preparação científica e o estilo cataclismal, apto a descrever sucessos aberrantes, revoluções sociais, desastres do sentimento moral" (Merquior, 1979, p. 195). Na crítica de Merquior, o estilo estilhaçado esteve acompanhado do tom de retratação, "retratação do cientificismo de Euclides: do seu determinismo geográfico e racial, convencido da inferioridade das 'raças fracas', mas rendido à descoberta de que 'o sertanejo é antes de tudo um forte'" (p. 196).

A linguagem precisa e o culto ao vocábulo raro aproximam a prosa de Euclides do parnasianismo. Merquior considera significativo que Coelho Neto, o príncipe dos prosadores parnasianos, tenha saudado calorosamente a "ornamentação verbal" de *Os sertões*. Não obstante, apesar desses traços, a semelhança seria superficial:

> *A frase contundente, angulosa, convulsa de Euclides, singularizada pela elasticidade da sintaxe assindética (quase sem conectivos), dos* crescendos *dramáticos e dos ritmos espasmódicos, supera de longe o decorativismo mecânico do parnasianismo. Em Euclides, há mais esplendor verbal do que simples "ornamentação". (p. 196)*

Mais que sustentar uma discussão com a crítica literária sobre a prosa ou a crônica de Euclides da Cunha, tentamos pensar o modo interpretativo ou explicativo que sobrevém ao impacto com o "ignoto", como ele mesmo qualificou, "uma categoria geográfica que Hegel não citou" (1902/2013, p. 53). Costa Lima retoma o seguinte fragmento da correspondência de Euclides: "Eu estou convencido de que a verdadeira impressão artística exige, fundamentalmente, a noção científica do caso que a desperta", concluindo a partir desse pressuposto a relevância assumida pelo princípio da cópia:

"Dante, para zurzir os desmandos de Florença, idealizou o inferno; eu, não, para bater de frente alguns vícios do nosso singular momento histórico, copiei, copiei, copiei apenas, incorruptivelmente, um dos seus aspectos" (citado por Costa Lima, 2000, p. 53).

O deserto cobriria *Os sertões*. Euclides narrou a "impressão dolorosa que nos domina ao atravessarmos aquele trecho do sertão – quase um deserto –, quer se aperte entre as dobras de serranias nuas ou se estire, monotonamente, em descampados grandes..." (1902/2013, p. 24). Ao narrar a maneira como o homem é afetado pela força da natureza, descreveu uma civilização imaginária que tinha por matriz as imagens dos sertões: natureza indômita, sol titânico, miragens, vertigem cósmica e vazio.

A construção imaginária desse espaço, realizada por meio da descrição de sua paisagem, ilustra o conjunto de estratégias acionadas pelo sujeito para gerir sua existência, para entabular um modo de construir sua verdade, seu sentir e seu pensar. A produção de determinados sentidos num tempo por demais precoce, contudo, definirá particularidades quanto à relação desse sujeito com a linguagem, questão que nos leva às seguintes perguntas: em que momento ou em que circunstâncias de sua organização psíquica a interpretação cede lugar à descrição? Em que a resposta à "terra incógnita", aqui representada por uma natureza que convoca ao enigma, diferencia-se da resposta à "terra ignota"?

Para concluir, tomemos o fragmento de um caso clínico, ilustrativo do que chamamos de resposta à terra ignota. Uma criança de 8 anos, assombrada pelos fantasmas de uma mãe que não conseguira elaborar o luto da perda de um bebê natimorto que a precedera, e traduzindo seu desejo da existência de um Outro que lhe traçasse um horizonte menos agonizante e delimitasse um espaço no qual ela pudesse existir, diz em análise: "Eu queria ser pintura". Ser pintura, imagem congelada e presa a uma moldura, sem vida;

talvez apelo a uma "moldura narcísica" (Lambotte, 1997, p. 277) que o contornasse.

Essa construção se refere a um tipo de relação com o ideal em que o objeto eleito configura uma imagem petrificada, sem movimento: o objeto mumificado – no caso dessa criança, o bebê morto, objeto de investimento e idealização da mãe. Na impossibilidade de estabelecer uma relação de engodo com a mãe, a idealização – o empréstimo de propriedades ao objeto – mescla-se à identificação com o emblema do morto, objeto idealizado pela mãe. Diante de uma verdade tão precoce sobre essa impossibilidade, resta ao sujeito sua dor moral, efeito do golpe na necessária ilusão de ser o que não é.

Usando a expressão de Lacan, "graças ao mínimo de espessura de irrealidade" (1957-1958/1999, p. 232), a imagem do corpo erógeno pode ser conquistada e, a partir dela, a possibilidade de o sujeito se construir como enigma. Sem engano, sob um céu que não protege, interpretação e descrição se apartam como possibilidades solidárias de estratégias narrativas.

Referências

Abreu, R. (1998). *O enigma de Os sertões*. Funarte; Rocco.

Bosi, A. (1994). *História concisa da literatura brasileira*. Cultrix.

Costa Lima, L. (2000). *Euclides da Cunha: contrastes e confrontos no Brasil*. Contraponto.

Cunha, E. (2000). *Diário de uma expedição*. Companhia das Letras. (Trabalho original publicado em 1897).

Cunha, E. (2013). *Os sertões*. Fundação Darcy Ribeiro. https://fundar.org.br/publicacoes/biblioteca-basica-brasileira/os-sertoes/. (Trabalho original publicado em 1902).

Freud, S. (1984). Duelo y melancolía. In S. Freud, *Obras completas* (J. L. Etcheverry, Trad., Vol. 14, pp. 235-256). Amorrortu. (Trabalho original publicado em 1917).

Holanda, S. B. (2010). *Visão do paraíso*. Companhia das Letras. (Trabalho original publicado em 1959).

Lacan, J. (1999). *O seminário, livro 5: as formações do inconsciente* (V. Ribeiro, Trad.). Zahar. (Trabalho original publicado em 1957-1958).

Lambotte, M.-C. (1997). *O discurso melancólico: da fenomenologia à psicanálise* (S. R. Felgueiras, Trad.). Companhia de Freud.

Martins, K. P. H. (1999). Algumas considerações sobre as estratégias: a posição do objeto na fobia e na melancolia. In *Hans e a fobia* (pp. 257-263). Escola Letra Freudiana.

Martins, K. P. H. (2000, 13 de agosto). *Por uma estética do sertão: natureza e profecia* [apresentação de trabalho]. Instituto Hahnemanniano do Brasil, Rio de Janeiro, RJ, Brasil.

Merquior, J. G. (1979). *De Anchieta a Euclides: uma breve história da literatura brasileira*. José Olympio.

Peres, M. F. (2000, 9 de julho). O rito de passagem. *Folha de S.Paulo*, Caderno Mais, 22-24.

Pinheiro, T. (1993a). Caso-limite ou melancolia. *Revista de Psicologia e Psicanálise, 4*.

Pinheiro, T. (1993b). Trauma e melancolia. *Percurso, 10*, 50-55.

Porto Alegre, S. (1994). Esboço de Iracema: o índio e a cultura brasileira. *Revista do Espaço Interdisciplinar em Psicanálise, 7*, 36-43.

Rouanet, S. P. (1999). O mito do bom selvagem. In A. Novaes (Org.), *A outra margem do Ocidente* (pp. 415-437). Companhia das Letras.

7. Escuta psicanalítica e novas demandas clínicas: sobre a melancolia na contemporaneidade[1]

Harold Bloom, no livro *Shakespeare: a invenção do humano* (1998/ 2000), propõe que a ideia do personagem ocidental, do ser como agente moral, pode ter diversas origens - Homero e Platão, Aristóteles e Sófocles, a Bíblia e Santo Agostinho, Dante e Kant -, mas que a personalidade, como a entendemos atualmente, é uma invenção shakespeariana. Segundo Bloom, antes de Shakespeare, homens e mulheres foram representados envelhecendo e morrendo, mas não se desenvolviam a partir de alterações interiores, e sim em decorrência de seu relacionamento com os deuses.

> *Em Shakespeare, os personagens não se revelam, mas se desenvolvem, e o fazem porque têm a capacidade de se autorrecriarem. Às vezes, isso ocorre porque, involuntariamente, escutam a própria voz, falando consigo mesmos ou com terceiros. Para tais personagens, escutar a si mesmos constitui o nobre caminho da individuação, e nenhum outro autor, antes ou depois de Shakespeare,*

1 Uma versão anterior foi publicada originalmente em 2002 em *Psychê*, 6(9), 167-176.

> *realizou tão bem o verdadeiro milagre de criar vozes, a um só tempo, tão distintas e tão internamente coerentes, para seus personagens principais, que somam mais de cem, e para centenas de personagens secundários, extremamente individualizados. (p. 19)*

Essa concepção de invenção da subjetividade não é novidade para a psicanálise. Em "Introdução ao narcisismo" (1914/1984b), Freud diz que Sua Majestade, o bebê é uma invenção de dois adultos. Esse texto, considerado um momento de virada importante no corpo teórico da psicanálise, surge quando a construção freudiana parecia já estar devidamente alinhavada, na costura entre o complexo de Édipo e a sistematização do inconsciente, tendo o recalque como eixo ordenador. A afirmação de Freud de que a subjetividade é uma invenção de dois adultos é uma afirmação que recusa qualquer ideia essencialista e vê a subjetividade como criada pela fantasia e pela subjetividade de adultos. Essa formulação aparece como consequência de sua proposta de aparelho psíquico, entendido como um aparelho de interpretação. Sem isso, não poderia conceber os parâmetros conceituais que constituem o seu aparelho de linguagem. Para interpretar os semelhantes, esse aparelho terá, necessariamente, que atribuir a eles uma vida subjetiva como a sua.

Dependendo do modelo fantasmático de que o aparelho psíquico disponha como pano de fundo, os conceitos de identificação e clivagem e a forma discursiva serão totalmente distintos metapsicologicamente. Na formulação do conceito de identificação por traços na histeria, por exemplo, o objeto é interpretado e dele o sujeito recolhe um traço para identificação. É por meio desse modelo que podemos conceber o eu como um precipitado de identificações. Tal processo de identificação pressupõe, por sua vez, uma possibilidade fantasmática. No modelo por traços, só posso me identificar se puder me colocar no lugar do outro, se puder achar que desse modo tenho acesso à sua subjetividade a ponto de interpretá-la. Essa forma fantasmática visa desvendar a subjetividade do outro, mas aceita o engano, a dúvida e, sobretudo, aceita que algo escape a essa apropriação.

Nesse exercício fantasmático, o pensamento, o desejo, as fantasias, o prazer, a dor e a tristeza dos personagens envolvidos podem ser totalmente conhecidos. A ambição é, pela via fantasmática, tornar familiar todos os mistérios da diferença dos sexos, dos desejos inconscientes que movem as pessoas, da solidão que comporta a singularidade de cada um. Na varinha de condão da fantasia histérica, todas as surpresas são antecipadas, todos os desejos imaginados, todos os desencontros humanos representados. O que interessa é pôr-se no lugar do outro para saber o que o outro quer, sente ou pensa. A fantasia terá, portanto, um papel fundamental na concepção freudiana de aparelho psíquico. É pela possibilidade de fantasiar que o eu se identifica, produz sintoma, interpreta o semelhante, se representa no futuro, é capaz de se auto-observar, estabelece uma conversa consigo mesmo (atributo tão valorizado nas vozes destacadas por Bloom).

Esse modelo fantasmático se respalda e ao mesmo tempo se constitui numa produção discursiva do sujeito sobre si, sobre o mundo e sobre a vida. Mas esse não é o único modelo de subjetivação encontrado no texto freudiano. Quando Freud disse que na melancolia "a sombra do objeto caiu sobre o eu" (1917/1984a, p. 246), ele precisou redefinir uma forma de identificação que chamou de narcísica e que metapsicologicamente era distinta da identificação por traços da histeria. Se tomamos a metapsicologia da melancolia, vemos a identificação descrita como apropriação do objeto como um todo, de uma imagem total, mimeticamente. O objeto torna-se um posseiro – no fim das contas, é esse o sentido da postulação de que "a sombra do objeto caiu sobre o eu". O eu, enquanto um precipitado de identificações, fruto de uma pluralidade de introjeções, nada tem de parecido com a proposta de se tornar uma cópia do objeto. Teríamos aí um modelo fantasmático que produz um tipo de identificação totalmente diverso do produzido no modelo histérico.

Estamos habituados a pensar que a psicanálise é uma prática clínica apoiada no pressuposto de que a palavra pode ser pensada como tendo um valor performativo. Um exemplo clássico da filosofia da linguagem sobre o valor performativo da palavra é o do juiz ou do padre que declaram os noivos casados, uma simples declaração que muda o estatuto civil desses indivíduos. Esse exemplo só vem confirmar para a psicanálise o valor simbólico da palavra, que a palavra faz ato.

Poderíamos dizer que, no mundo contemporâneo, a imagem também tem esse valor performativo. Na sociedade de consumo, é a aparência, a indumentária, os bens, os objetos que pretendem dizer ou transformar aquilo que se é. As propagandas sem texto que mostram um homem fumando no alto de uma montanha nevada pretendem induzir a ideia de que uma imagem, por si só, é capaz de falar sobre o que se pode ser e o que se pode sentir.

O mundo de Freud também está cheio de imagens – a imagem do cavalo, no caso do pequeno Hans; a imagem dos lobos na árvore, no caso do Homem dos Lobos; as imagens das babás austríacas –, todas elas capazes de produzir efeitos sobre o sujeito. Mas essas imagens trazidas por Freud para a literatura da clínica psicanalítica, diferentemente das imagens da contemporaneidade, remetem a proibições, regras, interditos, sexualidade, valores de uma cultura, costumes de uma sociedade, e produzem um tecido imaginário que dará estofo às âncoras narcísicas do sujeito, que fará acordos de sintoma, que determinará o colorido do que Freud chamou de precipitado de identificações do eu, e que enfim dará ao sujeito os pilares do que pode ser sentido por ele como certeza de si. Além disso, não devemos esquecer que essas imagens contribuem para a invenção de uma subjetividade montada num ideal de heróis e princesas, uma invenção idealizada que seria, como Freud apontou, a projeção do narcisismo dos pais sobre a criança. No mundo contemporâneo, os heróis e as princesas mudaram, são produzidos na televisão, perderam o caráter de referencial permanente, são mais descartáveis.

Na concepção freudiana, Sua Majestade, o bebê seria a invenção idealizada da qual o sujeito dispõe como recurso, como solo de identidade que serviria sempre de referencial privilegiado do sujeito. Mas e quando a invenção não pode alçar voos majestosos de criar princesas e heróis? E quando a invenção não tem a marca grandiosa da onipotência dos inventores e é titubeante? E quando é descrita assim: "Só ganhei simpatia e uma certa amizade pelos meus filhos quando fizeram 6 ou 7 meses; antes, eram verdadeiros estranhos para mim"? O universo político e cultural em que estamos inseridos pode alterar os modos de produção fantasmática.

Alain Ehrenberg é um autor ocupado e preocupado com a subjetividade contemporânea. Segundo ele,

> *a decomposição progressiva do universo institucional e mental republicano redefiniu fronteiras e conteúdos da vida pública e privada: cada um quer e deve se tornar o ator da própria vida. Essa mistura de aspirações e normas desenha um estilo de relação com a sociedade que faz da autoestima a condição de ação. A autoestima não é mais o egoísmo de um eu soberano se satisfazendo sozinho com a sua felicidade privada, mas um eu dividido confinado em seu inferno privado. Ela implica, evidentemente, a preocupação com o outro, pois não há eu sem nós. (1995, p. 23)*

Podemos dizer que o eu ganha existência não mais apoiado num referencial interno do seu discurso sobre si, mas no que o outro atesta ver, por aquilo que espelha. O eu não é o que ele mesmo produz como eu, mas o que o outro atesta que ele é. Ehrenberg diz ainda:

> *A experiência do mundo e de si se misturam, as referências simbólicas não são fornecidas antecipadamente. Atingimos a idade do homem, o que significa que somos responsáveis por nós mesmos a um ponto jamais encontrado na história das sociedades modernas. Esse aumento de responsabilidade nos torna, no seu próprio movimento, mais vulneráveis, pois ele supõe o aumento da capacidade de cada um para agir a partir de sua autoridade privada e seu juízo pessoal, sem os quais balançamos na impotência e no sofrimento psíquico. [...] Imagem de si e sensação de si, essa distinção comanda a escolha que faz a anatomia transversal de objetos tão diferentes como a televisão e a droga, dois dispositivos para desinibir a individualidade pela fala e pela sensação. Mais solicitado, o indivíduo encontra soluções na ingestão de drogas e medicamentos psicotrópicos que o sustentam; mais ávido de reconhecimento, ele testemunha sua própria vida na televisão, esperando encontrar referências para agir. (1995, p. 24)*

A sociedade de consumo oferece uma profusão de imagens como modelos de ideal do eu, imagens momentâneas que se sustentam na proposição de que, se tivermos o carro tal, usarmos a roupa tal, entraremos no reino de uma felicidade sem qualquer arranhão. A felicidade que consiste na esperança e na aposta depositada no ideal do eu torna-se um punhado de coisas, de imagens estáticas sem nenhum valor social embutido nelas. Na sociedade de consumo, os objetos são oferecidos como ornamentos fundamentais para a construção da imagem do ideal. O sujeito, em vez de se ocupar com um ideal de como deseja *ser*, um modelo de como deseja ser no futuro, passa a se ocupar com o que precisa *ter*, pois ele é antes de tudo uma imagem. A composição do ideal do eu deixa de se constituir como imagem em que se privilegiam os valores, o desenho que os sujeitos fazem do seu percurso de vida, e passa a ser mero ícone – como se a imagem, com seus emblemas, falasse por si só. Ter esses objetos é ser alguma coisa que não precisa de predicados.

As imagens do mundo contemporâneo – dos videoclipes, das propagandas, do espetáculo – parecem remeter a um prazer indizível e ilimitado, ao gozo. Distanciam-se das imagens de Freud, que remetem a sexualidade, valores, regras, interditos. As imagens atuais não são capazes de construir uma produção discursiva bordada por adjetivos, metáforas, hipérboles. Remetem ao concreto do corpo enquanto imagem e ao corpo das sensações ou do objeto capaz de produzir sensações. Nesse sentido, o tecido fantasmático e a forma de construção fantasmática serão inteiramente diversos do modelo da histeria, no qual a cena fantasmática implica uma relação de causa e efeito entre os personagens e, portanto, uma inserção na temporalidade; os fatos devem se encadear com intervalos de tempo, e a subjetividade dos personagens, dar ao sujeito da fantasia a ilusão de serem facilmente desnudados.

O modo de produção fantasmática, a relação com o tempo e o corpo, e a forma discursiva dos pacientes que hoje nos procuram apresentam questões para a clínica que precisamos começar a responder.

Acreditamos que a terceira formulação da fantasia em "Bate-se numa criança" (Freud, 1919/1986) pode nos esclarecer sobre as novas subjetividades. Tomamos aqui esse terceiro momento não como síntese e resultado dos dois momentos anteriores, como é o caso no texto, mas como forma de produção fantasmática primeira e única nas melancolias. Nessa formulação, a questão apresentada como o terceiro momento não é a de interpretar o desejo dos personagens. Não há movimento na cena. É uma imagem parada, fixa, como se dispensasse predicados, entrelinhas, consequências. Por si só, a cena seria elucidativa. Não há uma causa que a anteceda, nem uma ação futura que se possa deduzir. A indeterminação dos personagens de "Bate-se numa criança" e a fixidez da imagem diferem totalmente da fantasia histérica, em que uma elaboração está em curso e uma identificação será o resultado. A imagem fixa, sem texto, como nos comerciais de cigarro, não encontra contorno nas palavras; é pura imagem, talvez a moldura de que Lambotte (1993) fala como o ideal do eu na melancolia, moldura constituída por um olhar que se perde no vazio. Falando sobre autismo, Paulina Rocha e Ana Cavalcanti (2001) apontam a presença da produção fantasmática e mostram como a fantasia se produz nesses casos. O primeiro parágrafo do livro *Si on me touche, je n'existe plus*, de Donna Williams, relato autobiográfico de uma autista, desmente qualquer tentativa de afirmar que o autista não tem vida fantasmática:

> *Lembro-me do meu primeiro sonho, ao menos o primeiro que minha memória registrou. Eu me deslocava no branco, no meio de um espaço vazio. Só o branco, mas com alguns flocos de cores luminosas que me envolviam. Eu passava através deles, e eles me atravessavam. Era o tipo de coisa que me fazia rir. (1992, p. 19)*

Podemos dizer várias coisas sobre esse fragmento: há um único personagem, a cena é uma descrição de percepções visuais e corporais, o movimento de atravessar e ser atravessada pelos flocos não é um movimento que nos permite prever a cena seguinte, nem é consequência de uma cena anterior, e por conta disso a cena tem uma imobilidade no seu movimento. Esse modo de produção fantasmática aponta para uma relação peculiar com a temporalidade. Não se trata de um tempo contínuo, de sucessão de fatos com intervalos entre eles, mas de uma sucessão de imagens instantâneas, em que uma imagem perdida também põe em risco toda a possibilidade de sentido. Como acreditamos que o modo de produção fantasmática – seja ela qual for, histérica ou melancólica – alinhava os modos de produção do aparelho psíquico, no modelo fantasmático da melancolia a produção discursiva também será própria.

Na clínica com esses pacientes, o texto imagético sobressai por meio da descrição minuciosa de um cenário que captura a atenção flutuante do analista. Levado à cena pelo analisando, o analista pode ficar preso à descrição de um cenário e se ver subitamente caminhando por ele com o analisando. A fala tem uma concretude espacial, delimitando a narrativa. A necessidade que determinados pacientes têm de descrever ou recensear o espaço analítico ilustra essa perspectiva. Para eles, é como se fosse possível, com um bom vocabulário e um manejo correto das regras da sintaxe, descrever o mundo com tal precisão, que todos os ouvintes estariam diante da mesma cena. Em nome desse projeto, a ambiguidade e a polissemia das palavras estariam anuladas. Em seu lugar, haveria uma proposta de univocidade, de texto científico, verdadeiros teoremas matemáticos, assépticos e monocórdios.

Por meio da descrição, a linguagem se transforma num instrumental que, para ser eficaz, depende somente da maestria de quem o utiliza, perdendo assim sua função interpretativa. Não há entrelinhas, modulações da voz, lapsos, deslizamentos. É feita uma assepsia no que poderia produzir um efeito de deslize, equivocação, e provocar confusão, engano, desencontro ou erro. O percebido jamais é apresentado como singular: entra na categoria dos universais. Essa narrativa detalhadamente descritiva lembra o estilo parnasiano e realista, em que o autor visava a uma descrição tão detalhada e fiel à realidade, que todos os leitores veriam a mesma cena. O projeto unívoco nos parece distinto do que chamamos, na psicose, de tomar a palavra pela coisa. Nesses analisandos, as palavras não são coisas: são atadas ao referente, são absolutas. A linguagem não é um instrumento que constrói e transforma o mundo. No reinado da percepção, o mundo é o equivalente do percebido.

Em "Luto e melancolia" (1917/1984a), Freud diz que a questão da melancolia está na ambivalência diante do objeto. Essa afirmação sempre nos pareceu problemática porque, no trabalho com tais pacientes, percebemos que se sentir ambivalente diante do objeto é o que não pode acontecer. Nesses casos, o que parece impossível é se deparar com a ambivalência, o paradoxo, a contradição. A ambivalência e a ambiguidade são, então, um par necessário. Uma é solidária da outra: sem ambivalência, não se conhece a ambiguidade, o deslizamento, o engano, o tropeço, a polissemia; ao mesmo tempo, sem a ambiguidade, não se pode aceitar nem compreender a ambivalência e tudo o que ela acarreta.

A palavra que se quer unívoca tem como proposta ser uma palavra científica, um teorema. Se a palavra não esconde nada, se é capaz de dizer tudo, se não pode ser atravessada pelas formações do inconsciente, então todo o dito é uma verdade absoluta. Quando não é assim, aquele que o enuncia ou é mentiroso ou não sabe para que servem as palavras – uma subjetividade transparente inscrita na temporalidade exclusiva do presente. Para se conjugar passado e futuro, os sujeitos precisam de um tecido fantasmático que implique movimento e abertura de possibilidade interpretativa. Para interpretar, precisam admitir a existência do misterioso e do desconhecido e, portanto, do engano e da imprecisão.

A subjetividade trabalha num registro mais duro, mais seco, mais asséptico. O tempo é o presente, as cenas são imagens fixas. Esse discurso traz em seu bojo uma ética e uma estética que lembram alguns dos traços do movimento parnasiano, principalmente na sua oposição ao romantismo.

Essa forma de constituição da subjetividade mantém relação com as outras subjetividades inteiramente diferentes da subjetividade histérica, pois o outro é o que o sujeito diz, e nesse dizer não há mistério, subentendido, tropeço, equívoco, nada. Todos seríamos transparentes, porque a palavra poderia proporcionar essa transparência; seríamos seres cartesianos reeditados, que acreditam ser o que dizem e o que percebem.

O mundo pós-moderno é o mundo do tempo presente, do instantâneo do desejo, do invólucro que vale mais que o conteúdo, do corpo que não pode mostrar as marcas do tempo. Há uma forma de subjetividade diferente daquela do mundo introspectivo, herdeiro do romantismo. Não podemos continuar a olhar essas formas de subjetividade lançando mão apenas das lentes da histeria. Isso equivaleria a uma necessidade de encaixar a clínica na teoria a qualquer custo, numa escuta viciada, incapaz de ouvir o que está sendo dito, insensível ao sofrimento dos analisandos. O que a psicanálise propõe ao paciente na sua prática clínica é que ele saia do registro de um único sentido forjado pelo eu para uma pluralidade de sentidos. Não é esse, em último caso, o nosso propósito enquanto analistas? Também precisamos adotar esse método para escutar tais pacientes e construir formas teóricas que nos sejam mais esclarecedoras, sem ficar procurando modos de encaixar os pacientes num corpo teórico. Não é possível continuar afirmando que essas formas de subjetividade não fantasiam. Antes, é preciso investigar melhor o estatuto dessas fantasias que se apresentam de modo tão diverso ao do modelo da histeria. Se a clínica da psicanálise está voltada para a produção de novos sentidos, para a aceitação da diferença, do novo, visando desmontar a função alienante do eu, então é preciso redescrever e positivar o que chamamos de melancolia, depressão etc. Porque fechar-se num rol de crenças autoexplicativas, em que se pressupõe a ideia de uma verdade unívoca, é o avesso da psicanálise.

Referências

Bloom, H. (2000). *Shakespeare: a invenção do humano* (J. R. O'Shea, Trad.). Objetiva. (Trabalho original publicado em 1998).

Ehrenberg, A. (1995). *L'individu incertain*. Calmann-Lévy; Pluriel.

Freud, S. (1984a). Duelo y melancolía. In S. Freud, *Obras completas* (J. L. Etcheverry, Trad., Vol. 14, pp. 235-256). Amorrortu. (Trabalho original publicado em 1917).

Freud, S. (1984b). Introducción del narcisismo. In S. Freud, *Obras completas* (J. L. Etcheverry, Trad., Vol. 14, pp. 65-98). Amorrortu. (Trabalho original publicado em 1914).

Freud, S. (1986). "Pegan a un niño": contribución al conocimiento de la génesis de las perversiones sexuales. In S. Freud, *Obras completas* (J. L. Etcheverry, Trad., Vol. 17, pp. 173-200). Amorrortu. (Trabalho original publicado em 1919)

Lambotte, M.-C. (1993). *Le discours mélancolique*. Anthropos.

Rocha, P. S. & Cavalcanti, A. E. (2001). *Autismo*. Casa do Psicólogo.

Williams, D. (1992). *Si on me touche, je n'existe plus* (F. Gérard, Trad.). Robert Lafont.

8. A escravidão do olhar[1]

A proposta deste trabalho é fazer algumas reflexões sobre a questão do olhar, que parece desempenhar um papel quase primordial entre um número cada vez maior de pacientes que procuram os consultórios de psicanálise ou os hospitais de saúde mental da rede pública. Esses pacientes se tornaram um grande desafio para a psicanálise, pois se mostram como exemplos legítimos do pensamento metafísico. Não apresentam qualquer evidência de produzir formações do inconsciente – não fazem lapsos, não lembram os sonhos (quando muito lembram os pesadelos), não recordam quase nada da infância, não se projetam no futuro, não têm projetos que apontem qualquer semelhança com as produções imaginárias, como as observadas nas neuroses. São seres do presente, do aqui e agora. Falam da verdade e da mentira, mas sobretudo da verdade. Falam de justiça e injustiça, certo e errado. Têm uma forma discursiva rica em detalhes, como se a vida fosse antes de tudo um cenário de filme, uma foto, uma pintura realista. Com um estilo parnasiano, a fala desses pacientes pretende ser sem ambiguidades.

1 Uma versão anterior foi publicada originalmente em: Arán, M. (Org.). (2003). *Soberanias* (pp. 91-96). Contra Capa.

Viver é descrever o mundo, é se expressar a partir das percepções, a partir desse corpo de sensações. E eles são os observadores, os espectadores. São seres da visão, do olhar – um olhar que olha o olhar dos outros.

Desafiam duplamente os pressupostos teóricos da psicanálise: primeiro porque, ao não apresentarem as formações do inconsciente, interrogam os conceitos-chave da psicanálise, como a concepção de sujeito dividido, o sistema inconsciente em que o recalque amarra tanto o discurso como as produções fantasmáticas e os sintomas. E, se não bastasse, retomam a questão da representação atrelada à imagem, questão que Freud, em 1923, ao eleger a calota acústica como órgão perceptivo preponderante, parecia ter resolvido, pelo menos em parte. Essa solução freudiana, aliás, é uma das revoluções mais importantes da psicanálise no que diz respeito à questão da linguagem.

De maneira geral, a teoria da representação afirmava que a linguagem verbal era possível pela apresentação para si do objeto, ou seja, tudo aquilo de que se pudesse formar uma imagem podia ser representado. Nessa concepção, a representação é entendida como necessariamente atrelada ao referente. Mais ainda: só se teria acesso ao referente pela imagem. Seria por uma habilidade mental de se apresentar, de se representar uma imagem, que se daria o acesso à linguagem. Essa concepção mentalista da linguagem é incompatível, por exemplo, com a proposta de Freud sobre o sonho, em que o significante, ligando-se a outro significante, produz sentido independentemente do referente. Ao destacar a calota acústica como a percepção privilegiada para o aparelho psíquico, Freud tira da imagem a função que a teoria mentalista reservava a ela na linguagem. A teoria psicanalítica, ao eleger o sonho como via régia de acesso ao inconsciente, afirma que é sobre o som das palavras que o investimento se dá e é por essa via que uma sucessão de associações de sons de palavras pode produzir sentido.

Assim, em 1923, Freud resolve em parte um impasse que ficou por muitos anos despercebido, mas que apontava a existência, no corpo teórico da psicanálise, de duas teorias da linguagem inteiramente distintas. Numa delas, o psiquismo aparece muitas vezes como um aparelho de memória, o que induz a uma ideia de materialidade das representações, levando a entendimentos bastante complicados sobre a prática psicanalítica. Na metapsicologia da primeira tópica, a representação parece ter materialidade, e essa materialidade é feita de marcas de imagens. Já a outra teoria da linguagem está implícita na teoria da clínica, que vai ressaltar o relato do sonho do paciente em detrimento da sucessão de imagens produzidas pelo sonho. A indicação de uma escuta flutuante para o analista visa justamente a que ele se desligue das imagens do sonho para se ater ao som das palavras do relato. A linguagem, nessa concepção apresentada na teoria da clínica freudiana, tem que ser necessariamente distinta da noção de representação como apresentação para si.[2] Outra ideia complicada com que muitas vezes nos deparamos na obra freudiana é a de que um sentimento como o ódio ou o amor possa ser apontado antes mesmo de o sujeito estar inserido no universo verbal, como se o acesso ao sentido fosse dado antes da entrada no simbólico. Já na teoria da clínica, a mesma teoria freudiana parte do pressuposto de que o sentido é algo do qual cada um se apropria dentro de determinado contexto de interpretação que o sujeito faz de si, do mundo e dos objetos.

2 Essa questão foi discutida em psicanálise pela primeira vez por Jurandir Freire Costa, em algumas conferências e nos textos "Pragmática e processo analítico: Freud, Wittgenstein, Davidson, Rorty" (1994), *A face e o verso* (1995) e "A questão do sentido na psicanálise" (2001). Na França, foi trabalhada por Roland Gori e Christian Hoffmann em *La science au risque de la psychanalyse* (1999). Também fiz considerações sobre o tema em "Algumas questões da metapsicologia freudiana" (Pinheiro, 2000).

Os pacientes da atualidade a que nos referimos nos levam a pensar que, ao menos para eles, a imagem, a visão, é de novo a percepção privilegiada como capaz de produzir o discurso. Há muitos anos, fui surpreendida pela fala de um rapaz assaltado pelo medo de ser soropositivo, num momento em que a medicina ainda não oferecia o tratamento com o coquetel de combate ao vírus, e por essa razão as doenças oportunistas devastavam os pacientes com HIV. O rapaz dizia-se disposto a enfrentar os mais terríveis sacrifícios ou eventuais mutilações caso um dia descobrisse ter a doença. Aceitava viver sem pernas, sem braços e mesmo fraco, mas cego não! Se ficasse cego, se mataria. Para ele, o olhar era o recurso mais fundamental na sua organização psíquica. Era quando o seu olhar cruzava com o olhar do outro olhando para ele que ganhava um corpo – ou até ganhava uma existência. Sem o olhar do outro, podia cair na mais profunda angústia: não sabia mais do seu corpo, como era, o que ele era. Alguns anos depois, uma moça me disse que, se não visse alguém por um tempo um pouco mais dilatado, ia perdendo a capacidade de se lembrar daquela pessoa. As feições da pessoa, ela dizia, iam lentamente se apagando na memória, até desaparecerem. Por essa razão, viajar era um problema. Perdia a todos a quem estava ligada. Perdia a sua casa, pois dela também não podia se lembrar após certo tempo. Ouvindo-os, não pude deixar de lembrar-me dos mentalistas e da capacidade, a que eles se referem, de se fazer imagem dos pensamentos. Sem a imagem das pessoas, da casa, sem o olhar do outro fornecendo uma imagem deles mesmos, esses pacientes pareciam ficar subitamente ameaçados de desaparecer.

Na contemporaneidade, temos duas questões relativas a esse aspecto. A primeira se refere aos quadros clínicos que se apresentam hoje, próximos da descrição dos casos-limite, do que foi chamado pelos americanos de personalidades narcísicas, do que Winnicott classificou de falso self, do que Ferenczi chamava, na sua teoria do trauma, de casos difíceis, que iam desde os somatizadores até os melancólicos. Há alguns anos aproximo todas essas classificações à melancolia (Pinheiro, 1993, 1999, 2002). Mas os dois exemplos indicados antes não necessariamente remetem a quadros clínicos tão difíceis. Na sociedade de consumo do mundo globalizado, a imagem tem um lugar de destaque. Na sociedade contemporânea, a ideia que sobressai é a de que somos o que aparentamos. As pessoas são, antes de qualquer coisa, uma imagem, porque são e se concebem como seres da percepção. É a partir do corpo sensível que o mundo e o si mesmo podem ser concebidos. As pessoas são o que percebem e o que podem reconhecer que os outros percebem. É nesse viés que a sociedade de consumo se constituiu, privilegiando o corpo das sensações e considerando o homem um aparelho de percepção, em sentido contrário ao mundo introspectivo, à metáfora subjetivante. Dessa forma, toma-se o sujeito como uma composição com os objetos que tem, cabendo aos objetos de consumo qualificá-lo. Ele precisa que alguém o veja na aparência que apresenta para ser alguma coisa. O mundo de hoje é o mundo do que está exposto, do que está à mostra. Não há mais espaço para o misterioso, para o que não se mostra e que parecia dar asas à imaginação. Em Eça de Queiroz, encontramos um personagem chamado Pacheco:

> *Pacheco não deu ao seu país nem uma obra, nem uma fundação, nem um livro, nem uma ideia. Pacheco era entre nós superior e ilustre unicamente porque tinha* um imenso talento. *[...] O talento imenso de Pacheco ficou sempre calado, recolhido, nas profundidades de Pacheco! [...] Pacheco tudo foi, tudo teve, neste país que, de longe e a seus pés, o contemplava, assombrado do seu imenso talento. [...] Meses depois da sua morte encontrei a sua viúva. [...] Cumprindo um dever de português, lamentei, diante da ilustre e afável senhora,*

> *a perda irreparável que era sua e da pátria. Mas quando, comovido, aludi ao imenso talento de Pacheco, a viúva de Pacheco ergueu, num brusco espanto, os olhos que conservara baixos – e um fugidio, triste, quase apiedado sorriso arregaçou-lhe os cantos da boca pálida. (1900/1997, pp. 141-145)*

No seu silêncio, Pacheco deu margem a todas as fantasias e idealizações. Fizeram dele um "imenso talento", e a trama fantasmática que o construiu era cheia de bordados. Não parece mais ser possível construir um ídolo como Pacheco. É porque ele nunca abriu a boca que foi possível criá-lo como um imenso talento. O mundo de hoje é o mundo da evidência, da transparência, e não do mistério. Não há lugar para o mistério e os segredos.

Voltando à clínica da atualidade, os pacientes a que nos referimos tomam a si mesmos como aquilo que os outros veem deles. É como se fosse esse olhar que os construísse todos os dias, a todo instante. Eles são o que os outros veem deles ou o que dizem que eles são. O olhar do outro dá a consistência do que são e sobretudo fornece a eles verdadeiros atestados de existência. Marie-Claude Lambotte (1993), ao propor a sua metapsicologia da melancolia, apresenta a noção de moldura vazia como o modelo especular da melancolia. Na construção teórica da autora, o olhar da mãe atravessa o bebê para se fixar num ponto mais adiante, para além dele. Esse olhar não recusa a existência do bebê. A mãe sabe que ele está ali. Simplesmente o que mais lhe interessa não é esse bebê. O olhar que se perde ao longe indicaria um interesse em algo por trás do bebê, que estaria além dele. Pode-se dizer que esse olhar da mãe é portador de um juízo de existência, mas não de um juízo de atribuição.[3] Quando Freud, no final da segunda parte de "Introdu-

3 Nos encontros científicos de preparação ao 1º Simpósio Patologias Narcísicas

ção ao narcisismo" (1914/1984a), fala de Sua Majestade, o bebê, ele afirma que esse bebê é o suporte das projeções narcísicas dos pais. O bebê existe não só para indenizá-los narcisicamente; ele também será objeto, por parte dos pais, de todos os juízos de atribuição: ele é isto, é aquilo, será isso, será aquilo, parece com não sei quem, gosta disso, tem essa qualidade, tem esse pequeno defeito etc. Ele é falado de todas as maneiras, constituindo-se a partir de tudo o que lhe foi dito, de como era, de como deveria ser no futuro, das qualidades que deveria ter, dos defeitos que deveria evitar, do que seriam os sentimentos de amor, de ódio, os valores morais – enfim, ele foi falado em todos os tons. É nesse caldo que os sujeitos são inventados e se inventam. Existir, portanto, é indissociável disso tudo.

A impressão que temos com muitos pacientes é justamente o contrário, que para eles o juízo de existência está separado do juízo de atribuição. Parecem apontar para a questão de que existem sem saber o que são, nem qual é o sentido dos sentimentos. Muitas vezes, referem-se a si mesmos como não sabendo o que são o amor e o prazer. Não sabem também que são capazes de associar nem que podem existir para além do corpo das sensações. A desarticulação entre juízo de existência e juízo de atribuição produz uma enorme fragilidade na sensação de existência. A existência precisa permanentemente de provas, um olhar, um espelho, um corpo que sinta dor. Qualquer coisa pode ameaçar o sentimento de continuidade de existência, lançando esses pacientes numa grande angústia. A existência presa somente a uma imagem ou a uma sensação corporal torna-se volátil, comprometendo a imagem corporal que, nesses casos, parece passível de desaparecer com o tempo.

---

e o Mundo Contemporâneo, Regina Herzog propôs a articulação do conceito de moldura vazia com a questão do juízo de existência e do juízo de atribuição apontada por Freud no texto "A negação" (1925/1984b).

O sucesso dos *reality shows* talvez se vincule a essa proposta de pôr o espectador no lugar de *voyeur* da privacidade dos outros. Olhar como os outros se portam na vida, como andam, como dizem o que sentem, como choram, como riem, como se desesperam, como mostram o corpo. A ideia de que aquilo que se está vendo não é uma ficção, mas a vida "verdadeira", parece ser a chave de tanto sucesso. Uma audiência que não pode ser menosprezada. Já nas primeiras edições do *Big Brother Brasil*, a votação do público na reta final ultrapassou a marca dos 10 milhões de votos. A emoção dos outros, os comentários do repórter sobre os participantes, tudo isso é acompanhado minuciosamente, numa tentativa de se apropriar de algo que se desconhece.

Sem a ideia de partilhar o mundo misterioso da subjetivação, esses pacientes se apresentam na clínica sentindo-se estranhos à humanidade, verdadeiros ETs. Estão no mundo como observadores. Viver a vida é um luxo dos que sabem o que os sentimentos significam, por exemplo. Eles sobrevivem. Ficam à margem.

Numa pesquisa que realizamos com o Instituto de Psiquiatria (Ipub) e o Hospital Universitário Clementino Fraga Filho (HUCFF), ambos da Universidade Federal do Rio de Janeiro (UFRJ), encontramos um dado sobre pacientes com lúpus que pode ser enriquecedor para essa questão. A pesquisa se concentrou nas relações que pacientes com lúpus e pacientes melancólicos mantêm com o corpo e o tempo (Verztman et al., 2012).

O lúpus é uma doença autoimune definida, até o momento, como um não reconhecimento, por parte do próprio corpo, de algum órgão ou de vários órgãos, o que acarreta um ataque do sistema linfático ao órgão considerado estranho. Uma pesquisa americana sobre o lúpus apresenta dados curiosos, com um mapeamento da doença no mundo. A Ásia, por exemplo, é uma região com forte incidência da doença. O estudo revela que nos Estados Unidos, na população asiática que vive em comunidades fechadas, como as *chinatowns*, a incidência de lúpus se mantém alta, enquanto nos asiáticos americanizados a incidência da doença cai de maneira significativa. Essa pesquisa nos remeteu imediatamente à ideia de estranheza, presente na descrição da doença e no mapeamento que aponta os estranhos, os que não se adaptaram, não se aculturaram. Esses, mais que os outros, ficam doentes de lúpus.

Desvincular a existência da atribuição é como achar que a imagem pode ter autonomia na linguagem verbal, é como pensar que seria possível separar corpo e alma, projetos fadados ao fracasso e cujo preço parece ser bastante alto.

Referências

Costa, J. F. (1994). Pragmática e processo analítico: Freud, Wittgenstein, Davidson, Rorty. In J. F. Costa, *Redescrições da psicanálise* (p. 9-60). Relume-Dumará.

Costa, J. F. (1995). *A face e o verso*. Escuta.

Costa, J. F. (2001). A questão do sentido na psicanálise. In B. Bezerra Jr. & C. A. Plastino (Orgs.), *Corpo, afeto e linguagem* (pp. 199-218). Contra Capa.

Freud, S. (1984a). Introducción del narcisismo. In S. Freud, *Obras completas* (J. L. Etcheverry, Trad., Vol. 14, pp. 65-98). Amorrortu. (Trabalho original publicado em 1914).

Freud, S. (1984b). La negación. In S. Freud, *Obras completas* (J. L. Etcheverry, Trad., Vol. 19, pp. 249-258). Amorrortu. (Trabalho original publicado em 1925).

Gori, R. & Hoffmann, C. (1999). *La science au risque de la psychanalyse*. Érès.

Lambotte, M.-C. (1993). *Le discours mélancolique*. Anthropos.

Pinheiro, T. (1993). Trauma e melancolia. *Percurso*, *10*, 50-55.

Pinheiro, T. (1999). Em busca de uma metapsicologia da melancolia. In J. Birman (Org.), *Sobre a psicose* (pp. 29-44). Contra Capa.

Pinheiro, T. (2000). Algumas questões da metapsicologia freudiana. *Psicologia Clínica*, *12*, 55-64.

Pinheiro, T. (2002). Escuta psicanalítica e novas demandas clínicas: sobre a melancolia e a contemporaneidade. *Psychê*, *6*(9), 167-176.

Queiroz, E. (1997). A correspondência de Fradique Mendes. In E. Queiroz, *Obra completa* (Vol. 2). Nova Aguilar. (Trabalho original publicado em 1900).

Verztman, J., Herzog, R., Pinheiro, T. & Pacheco-Ferreira, F. (Orgs.). (2012). *Sofrimentos narcísicos*. Nepecc; Cia de Freud.

9. As novas subjetividades, a melancolia e as doenças autoimunes[1]

Foi sem dúvida ouvindo a histeria – enfermidade psíquica prevalente no final do século XIX – e procurando no discurso das histéricas algo esclarecedor sobre o modo de funcionamento psíquico delas que Freud acabou por conceber conceitos-chave da psicanálise, como o recalque. Por sua vez, foi esse conceito que o levou a postulações sobre o modo de funcionamento do sistema inconsciente e à concepção de um aparelho psíquico regido pelo princípio do prazer. E foi ainda a partir desse modelo que categorias fundamentais da psicanálise foram construídas: fantasia, identificação, transferência, sintoma, passividade e atividade, masoquismo e sadismo etc.

Alguns desses conceitos ficaram restritos à compreensão da forma de organização histérica, mas a maior parte pôde ser generalizada, servindo de pano de fundo para a compreensão de qualquer dinâmica e organização do aparato psíquico. Por meio do entendimento da histeria, Freud construiu um arcabouço teórico para dar

1 Texto escrito com Julio Sergio Verztman; uma versão anterior foi publicada originalmente em: Pinheiro, T. (Org.). (2003). *Psicanálise e formas de subjetivação contemporâneas* (pp. 77-104). Contra Capa.

conta de qualquer forma de ordenação psíquica, seja ela neurótica, psicótica ou perversa.

Em psicanálise, de alguma maneira nos habituamos a pensar todas as estruturas ou modos de organização psíquica, neuróticos ou não, a partir desses parâmetros teóricos. Nessa perspectiva, temos sempre por balizador o recalque, que, com sua presença ou ausência, parece nos fornecer todas as indicações necessárias para compreendermos o desenho das diferentes metapsicologias.

Assim, podemos dizer, sem receio de exagerar, que o modelo feminino da histeria serviu de base para as postulações da metapsicologia freudiana. Freud construiu uma concepção de aparelho psíquico humano tomando como ponto de partida dois pressupostos: o aparelho deve ser pensado considerando-se a peculiaridade de que o homem fala, e deve ser necessariamente ordenado pela sexualidade – pressupostos determinados pelo trabalho com as histéricas. Foi em torno desses dois eixos que Freud construiu conceitos que vão desde a passividade do masoquismo primário até o modelo de fantasia histérica e seus derivados: a identificação e a montagem narcísica do eu.

De maneira geral, as patologias narcísicas representam um desafio para esse modelo. Tanto a melancolia como o caso-limite, a personalidade narcísica, o grande somatizador, a adicção, a bulimia, a anorexia e mesmo o autismo são patologias difíceis de enquadrar nesse modelo. As dificuldades que essas patologias apresentam se referem tanto ao ponto de vista conceitual quanto à questão do manejo clínico desses pacientes. E, guardadas as diferenças entre essas patologias, é na tônica depressiva que podemos observar um traço em comum.

No fim do século XX, nas sociedades industrializadas avançadas, a depressão, forma atenuada da melancolia, tornou-se um equivalente da histeria, que tanto interessou Charcot e ilustrou suas aulas na Salpêtrière (Roudinesco & Plon, 1997/1998). Segundo um relatório de 2001 sobre saúde mental no mundo, realizado pela Organização Pan-Americana da Saúde (Opas) e pela Organização Mundial da Saúde (OMS), intitulado *Saúde mental: nova concepção, nova esperança*, a análise da carga global de doenças (CGD) em 2000 situa os transtornos depressivos unipolares no quarto lugar das principais causas de ônus entre todas as doenças – na faixa etária de 15 a 44 anos, foi a segunda maior causa de ônus. De acordo com o mesmo relatório, até 2020, persistindo-se as tendências de transição demográfica e epidemiológica, a depressão subiria para 5,7% da CGD, tornando-se a segunda maior causa de Avai.[2] Em todo o mundo, somente a doença isquêmica cardíaca a suplantaria em Avais perdidos em ambos os sexos. O relatório afirma ainda que, nas regiões desenvolvidas, a depressão seria a doença com maior peso na CGD. Por fim, o relatório informa que de 15% a 20% dos pacientes depressivos põem fim à vida, cometendo suicídio.

A depressão parece inegavelmente ganhar a cena na contemporaneidade. Pode-se argumentar que essa é a intenção da indústria farmacêutica, que busca a difusão dos modernos antidepressivos. Não há dúvida de que Prozac é hoje uma marca generalizada, assim como Gillette e Modess, que substituíram os nomes do que designavam. O que veio primeiro, o ovo ou a galinha? A indústria farmacêutica investe suas pesquisas naquilo que sabe ser a grande demanda do público? Ou inventa as doenças para vender seus produtos? A pílula da felicidade é o retrato do mal-estar contemporâneo? A revista *Time*, sempre adepta de retratos em suas capas, lançou pela primeira vez um número cuja capa era uma pílula de Prozac. O Prozac tornou-se quase tão banal quanto a aspirina. Serve para tudo: depressão, inibições, dores difusas, fibromialgias, e

2 O parâmetro ano de vida ajustado por incapacidade (Avai) é a soma dos anos perdidos em virtude de mortalidade prematura (AVP) com os anos perdidos em virtude de incapacidade pela incidência de enfermidades (API) na população.

mesmo para emagrecer jovens com menos de 30 anos. Assim, pode-se encarar o Prozac como mercadoria que precisa ser escoada, e por isso a indústria farmacêutica difunde a ideia de depressão. Mas não enxergar a depressão como a doença da modernidade não seria fechar os olhos e sobretudo os ouvidos aos jovens pacientes que mal conseguem nomear seus sofrimentos? Afinal, quem são esses pacientes de hoje?

No livro *Shakespeare: a invenção do humano* (1998/2000), Harold Bloom afirma que a ideia do personagem ocidental, do ser como agente moral, pode ter várias origens, mas que a personalidade, como a entendemos atualmente, desenvolvida a partir de alterações interiores, é uma invenção shakespeariana. Essa invenção não é novidade para a psicanálise. Em "Introdução ao narcisismo" (1914/1984c), Freud diz que Sua Majestade, o bebê, é uma invenção de dois adultos, afirmação que recusa qualquer ideia essencialista e concebe a subjetividade como criada pela fantasia e pela subjetividade de adultos.[3]

Podemos dizer que essa concepção de subjetividade, que implica interioridade e introspecção, ainda vigora nos dias atuais? O mundo de hoje não é o mesmo da época de Freud. No mundo pós-moderno, valoriza-se o tempo presente e o instantâneo do desejo, o invólucro é mais importante que o conteúdo, e o corpo não pode mostrar as marcas do tempo. Há uma forma de subjetividade distinta daquela do mundo introspectivo, herdeiro do romantismo e cujo grande inventor, de acordo com Bloom, foi Shakespeare. Podemos seguir chamando os pacientes de hoje – os quais, segundo Kristeva (2002), estão perdendo a alma – de herdeiros da invenção shakespeariana? No homem moderno, fechado na exigência

3 Para uma discussão mais detalhada desse ponto, conferir o texto "Escuta psicanalítica e novas demandas clínicas: sobre a melancolia na contemporaneidade", presente neste volume.

narcísica imposta pela sociedade de consumo, o sofrimento psíquico parece preso ao corpo. "Sem identidade sexual, subjetiva ou moral, este anfíbio é um ser de fronteira, um *borderline* ou um falso self" (Kristeva, 2002, p. 14). Se é assim, podemos continuar a abordar essas formas de subjetividade lançando mão apenas das lentes da histeria? Podemos concordar com Bloom quando ele afirma que a subjetividade inventada por Shakespeare ainda é atual?

Como indicado em outro trabalho (Pinheiro, 1993), os pacientes de hoje chegam aos consultórios ou às instituições assaltados por uma enorme angústia cuja causa desconhecem ou apresentando um quadro clínico de forte depressão. Na maior parte das vezes, não mostram uma dimensão de futuro, como se projetar-se no futuro lhes fosse impossível. A vida parece marcada minuto a minuto. Ao contrário das histéricas, nada se lembram do passado, assim como não recordam os sonhos, não têm fantasias, nem fazem lapsos.

Esses pacientes, como já mencionei, além de muito inteligentes e dotados de uma lucidez aguçada, também dispõem, como marco identificatório, de uma moral maniqueísta que funciona como extremo senso crítico que será dirigido tanto para si próprio quanto para os outros. Assim, se preocupam com as noções de verdade e mentira, justiça e injustiça, além da noção de ridículo dos humanos e da vida. A morte é tema recorrente, seja como fatalidade que tira da vida todo valor, seja como o que dará um fim ao sofrimento humano. O corpo e sua imagem corporal é a prova material da própria existência, e em certos momentos é também percebido como um objeto estranho que tem mecanismos próprios sem qualquer possibilidade de controle.

O intuito dessa breve descrição é apontar como esses quadros diferem do modelo da histeria. Nesse sentido, a proposta de dar continuidade a esta investigação se justifica por entendermos que, assim como no início do século XX a histeria se configurou como a patologia que melhor sintetizava a cultura da época, na atualidade as patologias melancólicas são o retrato da cultura pós-moderna. Em vista dos impasses com que se depara o profissional nos dias de hoje, acreditamos que avançar no estudo da metapsicologia da melancolia pode fornecer subsídios para fundamentar a direção do tratamento clínico.

Modelo histérico e modelo melancólico

Infelizmente, as indicações freudianas não foram suficientes para que pudéssemos adentrar em mares desconhecidos seguros de não naufragar. Em boa parte de sua obra, Freud esteve preocupado em fundamentar um modo de organização psicológica que podemos designar como modelo histérico. Tal modelo tem alguns pilares de sustentação que diferem substancialmente do paradigma que estávamos pesquisando. No modelo histérico, encontramos a fantasia como interpretação permanente do desejo do outro, o recalque como mecanismo instituinte do mundo fantasmático, a identificação a traços dos objetos como matéria-prima para a existência da realidade psíquica, e a sexualidade como móvel primeiro da relação com o outro, desembocando em relações triádicas, cujo corolário é o complexo de Édipo. No modelo melancólico, encontramos a fantasia como cena parada, com personagens impessoais seguindo os ditames eternos do destino (Pinheiro, 1999, 2002); a clivagem do eu como origem de um universo em que a realidade psíquica é sempre uma alteridade (Verztman, 2002); a identificação, em geral, como mimética à totalidade do objeto; a impossibilidade de reconhecer os móveis sexuais enquanto determinantes da relação com o outro; e o complexo de Édipo carente de sua ambiguidade constitutiva. Examinemos mais de perto esses dois paradigmas teóricos.

No modelo histérico, de todos os conceitos, o de fantasia talvez seja o que reúna melhor e de forma mais sintética a aliança entre os eixos da linguagem e da ordem da sexualidade (Pinheiro, 1997). Quando Freud anuncia a Fliess que abandonou a sua neurótica e que pode conceber o psiquismo como constituído de representações, ele passa a dar à representação autonomia, voo próprio, entendendo-a como totalmente livre de seu referente (Masson, 1986). A partir daí, pouco importa se elas são fruto da percepção ou de construção fantasmática: para a realidade psíquica, terão o mesmo valor. Se com essa afirmativa a teoria da sedução, que sustentava a etiologia da histeria (Freud, 1896/1986b), se torna irrelevante, a fantasia, por sua vez, passa a ganhar uma abrangência nunca antes pensada, e a representação passa a ocupar o primeiro plano na construção freudiana.

É somente depois dessa nova concepção de realidade psíquica que Freud (1900/1979) conceberá a produção de sentidos do sonho e sua máquina de associação por deslocamento e condensação, que compõem a sintaxe inconsciente. Antes de dar o passo que inaugura o pensamento psicanalítico – a proposição de uma forma de pensar o sistema inconsciente –, era preciso entender a fantasia como se tivesse o mesmo estatuto psíquico que a percepção, era preciso conceber a fantasia como a própria realidade psíquica. Em 1914, Freud diz: "Se os pacientes histéricos remontam seus sintomas a traumas fictícios, então o fato novo que surge é precisamente que eles criam tais cenas na fantasia, e essa realidade psíquica precisa ser levada em conta ao lado da realidade prática" (1914/1984a, p. 17).

A fantasia histérica sempre comporta mais de um personagem, e seu objetivo é tornar acessível a subjetividade de todos os integrantes da cena fantasmática, ou seja, o que move o projeto da fantasia histérica é a ilusão, nessa montagem, de ter acesso ao desejo e àquilo que provoca o desejo em cada um dos personagens. O elemento mágico da fantasia histérica antecipa todas as surpresas. Todos os desejos são imaginados, todos os desencontros humanos, apresentados e apreendidos. O que importa é colocar-se no lugar do outro para saber o que o outro quer, sente ou pensa. Trata-se de sentir e imaginar todos os paradoxos que os sentimentos e as emoções humanas produzem. Nesse sentido, o pré-requisito da dinâmica do aparelho psíquico reside na forma como foi concebido por Freud, isto é, como um aparelho capaz de interpretar o objeto atribuindo-lhe uma subjetividade semelhante à sua própria. Não há, portanto, possibilidade de entender esse aparelho de linguagem sem pensá-lo como um aparelho de interpretação. Em outras palavras, não se pode pensar o aparelho psíquico sem lançar mão da fantasia histérica. Assim, as propriedades de articulação da subjetividade como intérprete de outras subjetividades têm por pré-requisito o instrumental da fantasia.

Sem pretender esgotar a riqueza dessas formulações, podemos dizer, em linhas gerais, que é desse modo que se apresenta o modelo histérico, o qual forneceu as bases da primeira tópica freudiana, permitindo a descrição metapsicológica do funcionamento psíquico.

A melancolia vai se apresentar como um desafio a esse modelo, na medida em que constitui uma ordenação psíquica difícil de ser enquadrada nele (Pinheiro, 1998). Dizer que determinada ordenação psíquica não se enquadra nesse modelo é uma afirmação, no mínimo, perigosa. Sem dúvida, parece quase impossível, em termos psicanalíticos, não ter por balizadores o recalque, a fantasia como concebida na histeria, a identificação por traços, o eu como um precipitado de identificações, o supereu e as instâncias ideais. Para dizer isso, nós nos indagamos se teríamos de passar a enquadrar essas patologias como psicoses, questão levantada por vários estudiosos (Abraham & Torok, 1978/1995, 1999; Juranville, 1993; Soler, 1989/1991).[4] Todavia, a experiência clínica

4 O conceito de cripta de Abraham e Torok (1978/1995, 1999) aponta para uma

mostra que os balizadores conceituais da psicose são tomados do modelo da histeria, em que – como sabemos – a castração é o eixo determinante que estabelece a diferença entre a neurose, a psicose e a perversão. Tomar a castração como parâmetro e divisor de águas da metapsicologia nos parece insuficiente para dar conta da patologia melancólica.

Conceitualmente, algumas figuras da trama freudiana podem nos ajudar a fundamentar, metapsicologicamente, a melancolia, dando-lhe uma positividade que não é possível extrair a partir do modelo da histeria. Entre elas, cabe ressaltar os conceitos de identificação narcísica, narcisismo e pulsão de morte, o terceiro momento da fantasia (como apresentado no texto "Bate-se numa criança") e a questão da recusa do feminino.

Para trabalhar esses conceitos, pensamos ser importante partir do que se apresenta como impasse entre a melancolia e o modelo da histeria. A experiência clínica com pacientes melancólicos mostra que eles estabelecem uma relação especial com o tempo. Por meio de seus relatos, verifica-se que é como se vivessem somente no presente, não considerando que o presente seja, de alguma maneira, a consequência de uma história passada. Sobre o passado, não há nenhuma referência maior, como se dele nada lembrassem. Quanto ao futuro, não parece representável e também não é visto como algo a ser construído a partir do presente. Os pacientes melancólicos questionam evidências básicas para qualquer um. Assim, a sequência passado, presente e futuro, que dá a dimensão do que chamamos vida (um espaço de tempo entre o nascimento e a morte), lhes é estranha. Ou seja, a inserção na dimensão temporal pouco tem a ver com as noções de passado, presente e futuro. Se por um lado a questão da morte é algo de que não duvidam ou

aproximação da melancolia com a psicose. A mesma aproximação aparece em Juranville (1993).

que não questionam, por outro lado não parece capaz de inseri-los na dimensão passado, presente e futuro. A relação com a temporalidade baseada nas noções de passado, presente e futuro exige a possibilidade de se representar no futuro e de imaginar um passado, construção que por sua vez supõe, de acordo com a elaboração freudiana, o modelo fantasmático histérico. É justamente esse modo de produção fantasmática que lhes falta.

Para dar inteligibilidade a outro modo de fantasiar, remeteremos o leitor à terceira formulação da fantasia de "Bate-se numa criança" (Freud, 1919/1986f), formulação que difere claramente da fantasia histérica. Para começar, a questão aí não é interpretar o desejo dos personagens. Além disso, não encontramos nenhum movimento nessa cena, nenhuma causa que lhe seja anterior, nenhuma ação futura que se possa deduzir: trata-se de uma imagem fixa. Outro aspecto importante diz respeito à indeterminação dos personagens, tal como se apresenta nesse texto. Na indeterminação, perde-se a ideia de singularidade. Um dos pontos fundamentais do modo de funcionamento da melancolia é justamente suprimir qualquer marca de singularidade. Fica nítido um projeto universalizante da subjetividade: tira-se a peculiaridade, o modo como cada um pode interpretar diferentemente um mesmo objeto; tira-se a ambiguidade, a polissemia. Em suas construções sintáticas, o discurso melancólico é marcado pelo sujeito indeterminado. Tanto a indeterminação como a fixidez da imagem diferem totalmente do que ocorre na fantasia histérica, em que está em curso uma tentativa de elaboração e o resultado é da ordem de uma identificação. Em contrapartida, são esses aspectos que podem permitir uma aproximação ao que se apresenta na melancolia.

Outra via para estabelecer a metapsicologia da melancolia pode ser encontrada na discussão que Freud empreende em *O mal-estar na cultura* (1930/1986c) com relação ao narcisismo e ao recalque. Nesse texto, o narcisismo é pensado como movimento da própria civilização, e o recalque perde toda a sua coloração sexual para significar o desamparo humano, a finitude, a impotência e a fragilidade do sujeito.

Ao contrário da clínica da neurose, em que a ilusão é o tecido sobre o qual trabalhamos, a clínica da melancolia e dos casos-limite parece nos remeter sempre ao insuportável da castração. O discurso com que nos deparamos é ora um texto imagético, que nos impede completamente de manter a atenção flutuante, ora um texto lúcido sobre a condição humana, que pressupõe ausência de ambiguidade e dúvidas que parecem barrar qualquer tipo de interpretação. Em ambos os casos, trata-se sempre de um texto que se quer unívoco, em que a báscula do recalque parece inexistente. Tomamos aqui a ideia de recalcamento proposta por Lacan ao apresentar a divisão do sujeito:

> *Quando o sujeito aparece em algum lugar como sentido, em outro lugar ele se manifesta como* fading, *como desaparecimento. Há então, por assim dizer, questão de vida e de morte entre o significante unário e o sujeito enquanto significante binário, causa de seu desaparecimento. O* Vorstellungsrepräsentanz *é o significante binário. (1964/1985, p. 207)*

É como se na melancolia não se fizessem presentes as propriedades do simbólico de velar e revelar o sentido. Nela, há um projeto de discurso, como o que foi apontado por Octavio Paz:

> *A mais alta forma da prosa é o discurso no sentido estrito do termo. No discurso, as palavras aspiram a se constituir em significação unívoca. Esse trabalho implica reflexão e análise. Ao mesmo tempo, ele comporta um ideal inacessível, pois a palavra se recusa a ser um*

> *puro conceito, uma significação sem nada mais. Cada palavra – abstração feita de suas propriedades físicas – comporta uma pluralidade de sentidos.* (1956/1965, p. 21)

A hipótese da semelhança com outras categorias clínicas

É evidente que um autor do quilate de Freud sempre nos brinda com ferramentas nos lugares mais inesperados, como num porão empoeirado, num baú esquecido, numa cabine escondida. Seus trabalhos sobre o narcisismo, sobre o estranho, a última teoria da angústia, a noção inacabada de clivagem do eu, entre outros, funcionam como bússolas quando nuvens negras começam a se formar. Ainda assim, pedimos auxílio a outros exímios marinheiros. Entre os pioneiros, encontramos contribuições inestimáveis nos escritos de Ferenczi. Sua atuação com os denominados casos difíceis impressiona pela atualidade. Lendo seu *Diário clínico* (Ferenczi, 1990), ficamos com a impressão de que ele antecipou impasses com os quais a psicanálise veio a se defrontar no fim do século. A inadequação ao *setting* tradicional, a impossibilidade de historicização dos sintomas e da vida, a somatização da vida mental, a impossibilidade representacional do conflito – tudo isso com que esbarramos hoje está lá, como matéria bruta a ser reinterpretada. A sua teoria do trauma organiza com eficiência todos esses aspectos (Ferenczi, 1933/1989), com a vantagem de fornecer propostas concretas sobre o lugar a ser ocupado pelo analista diante dessas pessoas, ou seja, a hipocrisia do analista como critério máximo do que não se deve fazer.

Maria Torok (1968/1995), intérprete criativa do legado de Ferenczi, nos fez reiterar a relação entre esses sujeitos e a melancolia. Sua noção de cripta como introjeção impossível, que dá lugar ao gozo incessante com a fantasia de um cadáver saboroso, manteve a nossa convicção de que o paradigma melancólico abarca uma gama de configurações que podem não estar unidas apenas pela semelhança sintomática. Nesse momento, supusemos que proposições metapsicológicas de diferentes tradições psicanalíticas pudessem lidar com um objeto semelhante, mesmo que este impusesse leituras diversas. A concepção de personalidades narcísicas e *borderline* da psicanálise norte-americana e a ideia winnicottiana de falso self patológico mostraram-se ricas para a exploração dessa hipótese. Uma vez que nosso ponto de partida foi o discurso melancólico, começamos a comparar teoricamente essas categorias com a melancolia, e, como tal comparação apresentou pontos de contato importantes, produzimos uma generalização com base no modelo melancólico, que cabe à clínica desconstruir ou não.

Corpo e somatização

Um fato novo determinou os caminhos de nossa pesquisa ao acrescentar mais uma categoria para comparação: a somatização. Há quatro anos, quando de uma exposição sobre a melancolia no Círculo Psicanalítico do Recife, a autora Teresa Pinheiro foi procurada pela equipe chefiada pela Dra. Gilda Kelner e informada sobre a semelhança entre a descrição que forneceu e a história de alguns pacientes atendidos em hospitais gerais do Recife, sobretudo os portadores de lúpus eritematoso sistêmico, uma doença autoimune. Tais similitudes foram confirmadas pelo acompanhamento de diversos pacientes, a partir do relato de sessões e de discussões em grupos Balint. Como com frequência há na história desses pacientes eventos traumáticos que não são expressos por seu discurso (Kelner, 2001), como esses sujeitos são caracterizados pela literatura médica especializada como somatizadores, com importante impacto de fatores psíquicos na eclosão da doença e no seu curso (Araújo, 1989, 2000; Verztman & De Paola, 1981), e como o sistema imunológico é um dos dois sistemas corporais que ligam, com fortes evidências, fatores emocionais e consequências orgânicas (Opas & OMS, 2001), um novo continente, ainda inóspito e selvagem, inundou nossa retina de imagens. O corpo, esse representante privilegiado do eu, essa superfície que delimita o interno do externo, essa realidade inexpugnável que nos faz gozar e sofrer, essa inserção inexorável na natureza, pôde passar a falar.

A noção de corpo em psicanálise, como a maioria das noções em nosso campo, é polissêmica. A primeira concepção de corpo que nos é apresentada por Freud é a do corpo da histérica. Este surge como capaz de realizar o melhor acordo de sintoma. A histeria de conversão traz para a psicanálise um par que permanecerá indissolúvel: a ideia sexual incompatível com a consciência e o corpo atrelado à sexualidade. Nessa perspectiva, corpo e recalque permanecerão, nos primeiros anos da obra freudiana,[5] ligados nos seus aspectos mais tradicionais: a sexualidade genital e a concretude corporal. Sem dúvida, ao longo da obra do autor, esses dois aspectos ganharão outros coloridos, novas metáforas; mesmo assim, no final dela, ainda podemos encontrar as primeiras acepções, como se verifica em "A clivagem do eu nos processos de defesa" (1940[1938]/1986a) ou mesmo na ideia de sublimação em *O mal-estar na cultura* (1930/1986c), em que a noção de sexualidade ligada a uma superfície corporal aparece claramente.[6]

---

5 Desde seus primeiros escritos, Freud buscou ampliar a ideia de sexualidade para a psicanálise. Entretanto, o conceito de castração em textos como o do Pequeno Hans ou nos textos sobre a feminilidade conduzem o leitor a uma concretude do pênis e à castração como uma ameaça de fato – *vide* o texto do Homem dos Lobos ou mesmo "A clivagem do eu nos processos de defesa".

6 "Nesse momento nos limitamos a dizer, de forma figurada, que [as sublimações] nos parecem 'mais delicadas e mais elevadas'. No entanto, sua intensidade está enfraquecida em relação à que é capaz de saciar as moções pulsionais mais grosseiras e primárias; não mexem com nosso organismo físico" (Freud, 1930/1986c, p. 79).

A concepção teórica da conversão histérica comporta uma explicação bastante complexa sobre o deslocamento do afeto para o órgão da conversão. Isso porque, para mostrar como se dá essa transposição, Freud tem de lançar mão da noção de linguagem e de simbólico. Nesse sentido, podemos afirmar que desde os primórdios da psicanálise a ideia de corpo está perpassada pela linguagem. É devido a essa especificidade que a noção de corpo na psicanálise difere da noção de corpo na medicina ou na anatomia, em que se privilegia o aspecto puramente fisiológico e metabólico.

Em 1905, quando Freud escreve *Três ensaios sobre a teoria sexual*, toma forma a noção de corpo erógeno. O bebê humano, que precisa dos cuidados maternos para sobreviver, terá o corpo loteado em zonas erógenas pelo adulto que dele se ocupa. A construção de uma demografia erógena, independente dos feixes de nervos da base somática corporal, confirma, de modo contundente, a ideia freudiana de que o corpo, para a psicanálise, é um corpo concebido na linguagem. Ou seja, é a partir do universo simbólico do adulto que a hierarquia do prazer ocupará a superfície corporal do bebê. Mesmo o recurso à noção de apoio, da qual Freud lança mão nesse texto, construindo a ideia de prazer como inicialmente se sobrepondo à ideia de satisfação, não prescinde da linguagem. Sendo o prazer concebido como próprio do psiquismo, distante e distinto da satisfação e da necessidade fisiológica, não se pode negar que a sexualidade está presa à superfície corporal. No entanto, ela se encontra também, necessariamente, vinculada ao simbólico. Assim, o diferencial prazer/desprazer, que implanta a ordem sexual no aparato psíquico, teria por substrato uma sensação corporal. Se esse corpo não é o corpo biológico, no sentido de um corpo da ordem da natureza, é, contudo, uma concretude cujas sensações vão impor o diferencial prazer/desprazer, ponto de partida na obra freudiana para a instauração da ordem simbólica.

Em linhas gerais, assim se apresentam as primeiras concepções freudianas acerca do corpo. A primeira delas, o corpo na histeria, permite estabelecer um elo entre interdito, sexualidade e sintoma corporal (conversão); já a segunda, a sexualidade como superfície corporal apropriada pela linguagem, dá ao corpo o estatuto de corpo-linguagem.

A partir de 1914, quando a questão do eu se torna capital para Freud em "Introdução ao narcisismo", o estatuto do corpo ganha outras funções, constituindo-se, sobretudo, como um articulador teórico fundamental para dar conta da noção de unidade, tão necessária para a concepção do eu. Esse eu narcísico, portanto, nasce de uma ficção, ficção montada na fantasia de adultos inseridos no universo simbólico. No mesmo texto, vamos encontrar a formulação de um eu do presente e dos eus do passado e do futuro. É interessante observar que a ideia de eu se desdobra sem abrir mão da noção de unidade, pouco importando se essa unidade está temporariamente contida no órgão da dor ou no órgão alvo da hipocondria. Temos o corpo delimitando um espaço de unidade que pode ser aplicado a qualquer outro órgão ou parte do próprio corpo. Nesse sentido, em determinado momento, um só órgão é capaz de conter todo o eu.

Em 1923, Freud aponta o eu como "um eu corporal, não é somente um ser de superfície, mas é ele mesmo uma superfície [...], a projeção mental da superfície do corpo" (1923/1984d, p. 27). Temos, portanto, a unidade corporal dando a projeção de um limite de superfície necessário. É a representação dessa imagem corporal, ou a ideia de limite ou superfície corporal, que fundaria o eu. O que garante a noção de alteridade é a representação de uma unidade corporal. Dessa noção de alteridade e investimento das figuras parentais sobre a imagem corporal, nasce o eu. Assim, narcisismo e eu estão atrelados (Pinheiro, 1999), e sem dúvida toda a construção feita por Lacan (1966/1998) sobre o tema é fundamental para compreender o assunto. A ideia do estádio do espelho aponta, justamente, para a prematuridade do ser humano, que se reconhece como unidade corporal antes mesmo que sua motricidade esteja amadurecida. Temos aí a capacidade do bebê humano de reconhecer no adulto um semelhante, bem como a possibilidade de antecipar, que será tão importante na função do eu. Mas tanto o reconhecimento do semelhante quanto a antecipação podem ser vistos como fornecidos pelo investimento narcísico dos pais: o primeiro, pelo olhar; a segunda, pelo projeto de futuro que, desde antes do nascimento da criança, já lhe estava endereçado.

Nessa perspectiva, unidade corporal, representação dessa unidade corporal, alteridade e possibilidade de se representar no futuro são os pilares em que o eu é capaz de se fundar. Com relação ao que foi desenvolvido neste tópico, essas ideias - desde os primeiros escritos de Freud até 1923 - estão baseadas no modelo da histeria, na fantasia histérica. Acreditamos que uma forma de compreender o que diz respeito à melancolia seria retomar os textos freudianos[7] que remetem às questões narcísicas (Pinheiro & Jordão, 2000) - conceitos da trama freudiana, como identificação narcísica, o estranho e pulsão de morte - e complementar com a teoria do trauma a partir da problemática do corpo, como pensada por Ferenczi.

Entre 1919 e 1926, Ferenczi, considerado o pai da psicossomática, trabalhou algumas questões ligadas à histeria, entre elas a problemática do corpo, tratada numa série de artigos durante esse

---

7 Pensamos aqui nos textos em que Freud, instigado pelas questões de Jung, se volta ao estatuto do eu para a psicanálise: "Observações psicanalíticas sobre um caso de paranoia (*dementia paranoides*) relatado em autobiografia (O caso Schreber)" (1911), *Totem e tabu* (1912-1913), "Introdução ao narcisismo" (1914), "Luto e melancolia" (1917), "O estranho" (1919), *O mal-estar na cultura* (1930), entre outros.

período.[8] Esses textos nos interessam na medida em que problematizam o corpo sob ângulos bastante diversos daqueles adotados por Freud.

Na ótica ferencziana, o corpo será quase sempre apresentado, mesmo na histeria, de modo muito singular, uma vez que são postos em relevo aspectos que, com frequência, são pouco considerados. É o caso, por exemplo, do fenômeno de materialização histérica, que remete à ideia de concretizar magicamente um desejo a partir do próprio corpo e, por meio dele, dar uma representação plástica a esse desejo. Ferenczi (1919/1993a) apresenta o conceito de materialização histérica como um processo não encontrado apenas na histeria, mas como um estado afetivo de qualquer indivíduo, presente na maioria dos movimentos expressivos que acompanham as emoções humanas, como ruborizar, empalidecer, desmaiar, chorar e ter medo.

Ou seja, o mecanismo que está em jogo é o mesmo que opera nos lapsos de linguagem: assim como o lapso aponta para uma ideia que não pôde ser falada, a materialização aponta, no corpo, para o que escapou da cadeia simbólica.

Um segundo aspecto que merece ser considerado é a noção de que o sujeito pode ter uma relação com o corpo como se este tivesse total plasticidade, podendo ser modelado. Tal aspecto nos interessa em particular, na medida em que uma das questões mais intrigantes com que nos deparamos nas patologias melancólicas é justamente a ideia de que o corpo é um objeto que se pode *trabalhar*, no

---

8 Por exemplo: "Dificuldades técnicas de uma análise de histeria" (1919), "Fenômenos de materialização histérica" (1919), "Psicanálise de um caso de hipocondria histérica" (1919), "Prolongamentos da 'técnica ativa' em psicanálise" (1921), "Para compreender as psiconeuroses do envelhecimento" (1921), "A 'materialização' no *globus hystericus*" (1923), "Psicanálise dos hábitos sexuais" (1925), além dos dois textos sobre os tiques, "Reflexões psicanalíticas sobre os tiques" (1921) e "Contribuição para a discussão sobre os tiques" (1921).

mesmo sentido que o escultor trabalha a sua obra. Cabe ressaltar que a noção performática presente nas subjetividades da pós-modernidade nos confronta constantemente com essa concepção de corpo. Nesse sentido, um autor como Ferenczi se torna bastante atual e importante para compreender essas patologias.

Ainda nessa direção, cabe salientar que Ferenczi, por exemplo, aproxima a alucinação do sonho – que seria uma realização de desejo com a motilidade paralisada – do fenômeno da materialização – como um desejo inconsciente incapaz de ter acesso à consciência. Segundo ele, esse desejo "já não se limita nesse caso à excitação sensorial do órgão psíquico da percepção, mas passa para a motricidade inconsciente" (1919/1993a, p. 47). E continua em sua analogia:

> *Em suma, encontramo-nos diante de um* idioma histérico, *de um* jargão simbólico *feito de alucinações e materializações. Resumindo: podemos conceber o aparelho psíquico do histérico como um movimento de relojoaria cujo mecanismo estivesse invertido. O pensamento cumpre normalmente a função de ponteiro que registra escrupulosamente os processos produzidos pelas engrenagens internas. Na histeria, o ponteiro é como que sacudido por um dono brutal e coagido a uma proeza geralmente estranha à sua natureza; são agora os movimentos do ponteiro que deflagram o mecanismo interno. (p. 50)*

Outro aspecto importante na abordagem ferencziana da questão corporal é o fato de esse autor recorrer ao narcisismo para explicitar questões que, conceitualmente, sempre foram tratadas pelo viés da histeria. A questão dos tiques é a melhor ilustração disso. Ferenczi começa a se perguntar se eles não seriam, na realidade, sintomas narcísicos, suscetíveis de se associarem aos sintomas da neurose de transferência, sem, no entanto, se confundirem com eles. E passa a considerá-los uma simples estereotipia que se produz de maneira fugaz,

> *de um certo modo condensada e, com frequência, apenas indicada simbolicamente. Veremos mais adiante que os tiques são derivados de ações estereotipadas. [...] Acontece que passei a observar sob o ângulo do narcisismo os portadores de tiques a quem tinha a ocasião de ver na vida cotidiana, nas consultas ou em tratamento. (1921/1993b, p. 79)*

Por último, vale ressaltar duas considerações sobre o corpo que podem vir a ser de grande utilidade para esta pesquisa. A primeira diz respeito à ampliação da ideia freudiana sobre a hipocondria, apresentada no texto "Introdução ao narcisismo" (1914/1984c), segundo a qual o órgão doente não é um representante do eu, mas o próprio eu do sujeito naquele momento; Ferenczi amplia essa noção em *Thalassa* (1924/1993c) e propõe essa propriedade plástica do eu não só na doença ou na hipocondria, mas em várias situações, como o coito, em que o eu estará contido no órgão genital. A segunda remete à afirmação de que, quando o psíquico falha, o corpo começa a pensar (Ferenczi, 1990); a proposta ferencziana de conceber o corpo como último refúgio da representação permite ver a psicossomática como expressão simbólica no corporal do psíquico.

A pesquisa de campo

Com base em tudo o que foi dito até aqui, decidimos comparar pacientes lúpicos com sujeitos melancólicos, partindo da hipótese de haver entre eles semelhanças importantes. Nossa atenção passou a se concentrar no papel do corpo para esses sujeitos. Dados preliminares do grupo de Recife demonstraram que as pacientes lúpicas (tais pacientes são, na maioria, mulheres) apresentavam, com frequência inusual, uma organização defensiva próxima ao que Winnicott (1960/1990) definia como falso self patológico: sensações constantes de vazio e não existência, estranhamento em relação a si e ao corpo, percepção de estar apartado do mundo humano, episódios depressivos recorrentes, entre outras características. É importante sublinhar que, embora esses elementos sejam comuns a muitas trajetórias melancólicas, raramente pacientes lúpicas se mostravam com outras características que nos fizessem pensar em melancolia, como culpabilidade, aceitação incondicional do papel que o destino lhe reservou, ou até mesmo sintomas psicóticos como ideias deliroides. Estaria a doença autoimune implicada nesse fato? Para esses pacientes, seria o corpo um modo de dar sentido a uma experiência que, para o melancólico, seria insondável? Entre melancolia e somatização, seria possível estabelecer a mesma analogia que Freud (1894/1986d, 1896/1986e) proclamou entre neurose obsessiva e histeria de conversão, tendo a melancolia certa similitude com a neurose obsessiva pela sua incapacidade de dar um *destino corporal* ao conflito?

É evidente que não podemos responder, nem sequer provisoriamente, a cada uma dessas questões. Devemos retornar ao início de nossa exposição e apresentar de maneira resumida nossa proposta de investigação. A ideia da qual partimos é que a pesquisa clínica em psicanálise deve guardar a maior semelhança possível com a clínica psicanalítica cotidiana. Assim, formamos um grupo de pesquisa composto, em sua maioria, de alunos do Programa de Pós-Graduação em Teoria Psicanalítica da Universidade Federal do Rio de Janeiro (PPTP-UFRJ), que se dispusessem a atender um número determinado de clientes no ambulatório do Instituto de

Psiquiatria (Ipub). Foi firmado um acordo entre as duas instituições para esse fim. Resolvemos, a seguir, constituir uma amostra de dez clientes, sendo cinco pacientes lúpicos e cinco sujeitos melancólicos. Para receber as pacientes lúpicas, firmamos um acordo com a Dra. Glória Araújo, psiquiatra do Serviço de Colagenoses do Hospital Universitário Clementino Fraga Filho (HUCFF). Circunscrevemos alguns aspectos das duas subamostras para favorecer seu poder comparativo. Como o lúpus eritematoso sistêmico é muito mais prevalente no sexo feminino e suas características clínicas são muito diferentes entre os gêneros, optamos por constituir um universo de pesquisa composto exclusivamente de mulheres, inclusive para os melancólicos. A idade também foi um fator sujeito a recortes. Optamos pela faixa etária entre 18 e 45 anos, excluindo a adolescência precoce e a pós-menopausa para facilitar a comparação com o material proveniente do Recife. Os critérios de inclusão das duas subamostras são distintos. Para os pacientes lúpicos, é suficiente frequentar o Serviço de Colagenoses do HUCFF e apresentar demanda de atendimento psicanalítico conforme a avaliação da Dra. Glória Araújo. Para os sujeitos melancólicos, são critérios iniciais: ser usuário de algum serviço do Ipub, apresentar história de pelo menos dois episódios depressivos maiores diagnosticados na instituição, e apresentar demanda de atendimento psicanalítico conforme a avaliação da equipe encarregada do seu tratamento. Os critérios iniciais dessa segunda subamostra funcionam apenas como filtro. O fato de terem episódios depressivos não significa que esses sujeitos sejam melancólicos, embora suponhamos que melancólicos estejam mais propensos a episódios desse tipo. Assim, as entrevistas de triagem são fundamentais para interpretar se os pacientes encaminhados são melancólicos segundo nossa concepção (Pinheiro, 2002; Verztman, 2001).

Todos os clientes encaminhados para as duas subamostras passam por uma ou mais entrevistas de recepção e triagem, sempre com os coordenadores da pesquisa. Tais entrevistas se mostram de grande valor para estabelecer um primeiro contato com o cliente e obter um conhecimento mínimo de sua história, bem como para lhe fornecer informações sobre nossa pesquisa e a modalidade de tratamento que nos propomos a oferecer. Entregamos também um termo de consentimento livre e esclarecido (exigência legal para a pesquisa com seres humanos) e, caso haja um acordo em iniciar o tratamento, fazemos o encaminhamento para outro membro do grupo. Essa escansão entre o primeiro contato com a pesquisa e o encontro com o psicanalista nos parece fundamental para minimizar os efeitos que a situação de pesquisa pode ter na clínica. A incidência da situação, de certa forma experimental, sobre o tratamento é um aspecto acerca do qual pretendemos tecer considerações futuras.

Uma vez encaminhado, o sujeito segue um percurso de atendimento que não é protocolar, variando caso a caso. Ele passa a ser um usuário do ambulatório de pesquisa do Ipub. A frequência das sessões é determinada pelo contexto de cada um e pela indicação clínica, o mesmo acontecendo com o tempo delas, o uso ou não do divã, a duração do tratamento etc. Realizamos reuniões semanais para discutir os casos e a bibliografia pertinente, a fim de organizar o olhar e a escuta coletivos, mesmo que isso implique pontos de vista os mais contraditórios.

Não seria uma precipitação apresentar uma proposta de investigação, quando seus resultados ainda estão longe de ser aquilatados pela comunidade de pares? A psicanálise não nos ensina que é no tempo do *só depois* que a verdade do inconsciente pode ser ressignificada?

Podemos responder a essas questões de duas maneiras e assim procurar manter o interesse do leitor. A primeira é mais ampla e diz respeito à relação entre psicanálise e métodos empíricos de pesquisa. Em 1913, Jaspers sumarizou os três principais métodos técnicos propícios à *investigação dos estados da alma tal como os enfermos mentais os vivenciam* (sua definição de psicopatologia): a casuística, a estatística e o experimento. Considerando os dois últimos como eventualmente úteis, porém jamais suficientes, deu um relevo assimétrico à casuística como modelo para a produção de verdades no novo campo teórico que acabara de fundar:

> *A base fundamental da psicopatologia é constituída de casos singulares. A descrição desses casos e do histórico dos pacientes – desde a exposição de fenômenos particulares até uma biografia completa – é a casuística. Os métodos casuísticos proporcionam a grande maioria de nossos conhecimentos e de nossas concepções. (1913/1985, pp. 37-38)*

A partir da década de 1970, a pesquisa psiquiátrica passou a privilegiar, infelizmente para alguns propósitos, a estatística e o experimento. A psicanálise, ao contrário, manteve-se próxima a esse aspecto do pensamento de Jaspers. A casuística, mesmo que reinterpretada sob os novos parâmetros da disciplina criada por Freud, constituiu-se no único método de correlação entre a teoria e a vida de sujeitos particulares. Nós nos referimos, sobretudo, ao terreno da pesquisa clínica. Desde seu fundador, os grandes autores da psicanálise consubstanciaram suas propostas metapsicológicas com a discussão de casos paradigmáticos ou de fragmentos clínicos relevantes. Historicamente, esses casos são o testemunho da experiência do psicanalista naquilo que define a *sua clínica*. Seguimos ainda a tradição do século XIX, quando a casuística era uma *casuística de autor*. Será, então, que a relação da psicanálise com a casuística é necessária ou contingente?

Entre os fatores dos quais surge nosso projeto de pesquisa, encontra-se esta questão: como aproveitar o que a casuística tem de melhor, ou seja, a expressão de fatos singulares, o aprofundamento descritivo, a correlação com contextos mais amplos, a caracterização detalhada do universo linguístico dos clientes, seu caráter subjetivante, sem abrir mão de sua limitação mais importante, a possibilidade comparativa sincrônica? Apostamos na contingência da relação entre psicanálise e casuística, supondo que, além de a cultura e a ciência terem se modificado desde o início do século XX, muitos dos pressupostos fenomenológicos da casuística, como a essência dos fenômenos mentais e o privilégio concedido à introspecção, podem ser abandonados sem prejuízo. O interesse, portanto, da apresentação de um projeto de pesquisa é exatamente pôr a exame a sua construção. Uma vez que a literatura psicanalítica não é pródiga em discutir metodologia empírica, a não ser quando o que está em jogo é se diferenciar da ciência quantitativa e reducionista e se legitimar junto às cada vez mais escassas fontes de financiamento, apresentamos não uma discussão teórica sobre o tema, mas a explicitação de um caminho possível, que pode ser avaliado e refutado.

A segunda maneira de responder quanto aos motivos desta apresentação confunde-se com seu próprio conteúdo. Como uma investigação empírica é um percurso no qual são relevantes todos os seus constituintes – quais sejam, seus móveis, seus pressupostos, seus objetivos, seus objetos, seus métodos e seus resultados –, é fundamental a reflexão sobre cada um deles em cada etapa. Assim, é evidente que a etapa na qual estamos determina o que dizemos neste escrito, sendo a comparação com o que dissemos em etapas anteriores e o que diremos em etapas futuras a explicitação da atividade própria de pesquisar.

Comecemos, então, pelo *antes*. É curioso como esse antes tem um alto grau de indeterminação e é tão parecido com o relato de muitos colegas. Na clínica cotidiana, privada ou em instituições, nos deparamos com sujeitos que não se encaixavam no perfil clássico de neurótico ou psicótico e nos vimos sem ferramentas para tratá-los. Nosso atordoamento diante deles decorreu do fato de residirmos no Rio de Janeiro e frequentarmos um meio acadêmico e institucional em que a separação estrutural entre neurose e psicose balizava a experiência clínica. O embaraço aumentou quando verificamos que, com o passar dos anos, o que era exceção deixou de ser: clientes que dificilmente relatavam sonhos ou cometiam atos falhos exprimiam uma sensação permanente de vazio, percebiam-se como extraterrestres no meio de ingênuos terráqueos, não conseguiam correlacionar seu passado com a estranha pessoa que falava no presente e se projetava no futuro, e passavam por longos períodos de depressão. Eles procuraram atendimento psicanalítico por iniciativa própria ou por insistência de terceiros.

Nesse primeiro momento, buscamos encontrar um paradigma clínico e metapsicológico que desse inteligibilidade a essa configuração subjetiva. Iniciamos nosso percurso teórico. Começando por onde quase sempre devemos começar, ou seja, por Freud, percebemos que as suas poucas indicações sobre a melancolia guardavam semelhanças importantes com o discurso desses clientes. A perda narcísica irreparável proposta por Freud (1917/1984b) como corolário da vida circular do melancólico em torno do objeto perdido parecia se coadunar com a promessa, geralmente não cumprida, de uma existência completa, caso a união com esse objeto totalizante se concretizasse. Como só tínhamos acesso a essas pessoas após a esperança de reencontrar o objeto perdido ter se reduzido a uma fina chama que não mais produz calor, era nítida em muitas delas a correlação entre a espessura da chama, a existência a essa altura já precária do objeto e a efemeridade da sensação de si. De fato, e nisto acreditamos ainda hoje, muitos sujeitos cuja trajetória se caracteriza por rodear *lucidamente*, pensam eles, um vazio que por outros é preenchido pelo recheio da ilusão narcísica apresentam características tipicamente melancólicas. Como define Torok

(1968/1995), sofrem da *doença do luto*, um luto inconsciente, o *luto de si*.

Considerações finais

Terminamos apostando ser possível realizar investigações empíricas em psicanálise sem deformar seu compromisso com a singularidade, com a emergência da subjetividade e com a ética da responsabilidade. Podemos aproveitar métodos de outras disciplinas para aprimorar a capacidade comparativa de nossos dados e ampliar as possibilidades heurísticas e demonstrativas da casuística de autor. Cabe ao leitor avaliar se contribuímos ou não para esse fim.

Referências

Abraham, N. & Torok, M. (1995). *A casca e o núcleo* (M. J. R. F. Coracini, Trad.). Escuta. (Trabalho original publicado em 1978).

Abraham, N. & Torok, M. (1999). *Le verbier de l'Homme aux Loups*. Aubier-Flammarion.

Araújo, G. R. B. (1989). *De lupus et homine: contribuição a uma definição do espaço de atuação do psiquiatra em hospital geral* (Dissertação de Mestrado). Universidade Federal do Rio de Janeiro.

Araújo, G. R. B. (2000). *Correlatos psiquiátricos e neuropsicológicos no lúpus eritematoso sistêmico: comparação com a artrite reumatoide e a mistenia gravis* (Tese de Doutorado). Universidade Federal do Rio de Janeiro.

Bloom, H. (2000). *Shakespeare: a invenção do humano* (J. R. O'Shea, Trad.). Objetiva. (Trabalho original publicado em 1998).

Ferenczi, S. (1989). Confusão de língua entre os adultos e a criança. In S. Ferenczi, *Escritos psicanalíticos: 1909-1933* (J. Bastos & A.

Telles, Trads., pp. 347-356). Taurus. (Trabalho original publicado em 1933).

Ferenczi, S. (1990). *Diário clínico* (A. Cabral, Trad.). Martins Fontes.

Ferenczi, S. (1993a). Fenômenos de materialização histérica. In S. Ferenczi, *Obras completas* (A. Cabral, Trad., Vol. 3, pp. 41-53). Martins Fontes. (Trabalho original publicado em 1919).

Ferenczi, S. (1993b). Reflexões psicanalíticas sobre os tiques. In S. Ferenczi, *Obras completas* (A. Cabral, Trad., Vol. 3, pp. 77-104). Martins Fontes. (Trabalho original publicado em 1921).

Ferenczi, S. (1993c). Thalassa: ensaio sobre a teoria da genitalidade. In S. Ferenczi, *Obras completas* (A. Cabral, Trad., Vol. 3, pp. 255-325). Martins Fontes. (Trabalho original publicado em 1924).

Freud, S. (1978). Tres ensayos de teoría sexual. In S. Freud, *Obras completas* (J. L. Etcheverry, Trad., Vol. 7, pp. 109-224). Amorrortu. (Trabalho original publicado em 1905).

Freud, S. (1979). La interpretación de los sueños. In S. Freud, *Obras completas* (J. L. Etcheverry, Trad., Vols. 4-5). Amorrortu. (Trabalho original publicado em 1900).

Freud, S. (1984a). Contribución a la historia del movimiento psicoanalítico. In S. Freud, *Obras completas* (J. L. Etcheverry, Trad., Vol. 14, pp. 1-64). Amorrortu. (Trabalho original publicado em 1914).

Freud, S. (1984b). Duelo y melancolía. In S. Freud, *Obras completas* (J. L. Etcheverry, Trad., Vol. 14, pp. 235-256). Amorrortu. (Trabalho original publicado em 1917).

Freud, S. (1984c). Introducción del narcisismo. In S. Freud, *Obras completas* (J. L. Etcheverry, Trad., Vol. 14, pp. 65-98). Amorrortu. (Trabalho original publicado em 1914).

Freud, S. (1984d). El yo y el ello. In S. Freud, *Obras completas* (J. L. Etcheverry, Trad., Vol. 19, pp. 1-66). Amorrortu. (Trabalho original publicado em 1923).

Freud, S. (1986a). La escisión del yo en el proceso defensivo. In S. Freud, *Obras completas* (J. L. Etcheverry, Trad., Vol. 23, pp. 271-278). Amorrortu. (Trabalho original publicado em 1940[1938]).

Freud, S. (1986b). La etiología de la histeria. In S. Freud, *Obras completas* (J. L. Etcheverry, Trad., Vol. 3, pp. 185-218). Amorrortu. (Trabalho original publicado em 1896).

Freud, S. (1986c). El malestar en la cultura. In S. Freud, *Obras completas* (J. L. Etcheverry, Trad., Vol. 21, pp. 57-140). Amorrortu. (Trabalho original publicado em 1930).

Freud, S. (1986d). Las neuropsicosis de defensa. In S. Freud, *Obras completas* (J. L. Etcheverry, Trad., Vol. 3, pp. 41-68). Amorrortu. (Trabalho original publicado em 1894).

Freud, S. (1986e). Nuevas puntualizaciones sobre las neuropsicosis de defensa. In S. Freud, *Obras completas* (J. L. Etcheverry, Trad., Vol. 3, pp. 157-184). Amorrortu. (Trabalho original publicado em 1896).

Freud, S. (1986f). "Pegan a un niño": contribución al conocimiento de la génesis de las perversiones sexuales. In S. Freud, *Obras completas* (J. L. Etcheverry, Trad., Vol. 17, pp. 173-200). Amorrortu. (Trabalho original publicado em 1919).

Jaspers, K. (1985). *Psicopatologia geral: psicologia compreensiva, explicativa e fenomenologia* (S. P. A. Reis, Trad.). Atheneu. (Trabalho original publicado em 1913).

Juranville, A. (1993). *La femme et la mélancolie.* PUF.

Kelner, G. (2001). *Doenças autoimunes, identidade e certeza de si* [Texto não publicado].

Kristeva, J. (2002). *As novas doenças da alma* (J. A. D. Melo, Trad.). Rocco.

Lacan, J. (1985). O *seminário, livro 11: os quatro conceitos fundamentais da psicanálise* (M. D. Magno, Trad.). Jorge Zahar. (Trabalho original publicado em 1964).

Lacan, J. (1998). *Escritos* (V. Ribeiro, Trad.). Jorge Zahar. (Trabalho original publicado em 1966).

Masson, J. M. (Ed.). (1986). *A correspondência completa de Sigmund Freud para Wilhelm Fliess: 1887-1904* (V. Ribeiro, Trad.). Imago.

Organização Pan-Americana da Saúde & Organização Mundial da Saúde. (2001). *Saúde mental: nova concepção, nova esperança.*

Paz, O. (1965). *L'arc et la lyre* (R. Munier, Trad.). Gallimard. (Trabalho original publicado em 1956).

Pinheiro, T. (1993). Trauma e melancolia. *Percurso*, *10*, 50-55.

Pinheiro, T. (1997). A castração: do interdito ao desamparo. *Saúde, Sexo e Educação*, *12*, 41-44.

Pinheiro, T. (1998). Pour une métapsychologie de la mélancolie. *Cliniques Méditerranéennes*, *57-58*, 209-222.

Pinheiro, T. (1999). Em busca de uma metapsicologia da melancolia. In J. Birman (Org.), *Sobre a psicose* (pp. 29-44). Contra Capa.

Pinheiro, T. (2002). Escuta psicanalítica e novas demandas clínicas: sobre a melancolia na contemporaneidade. *Psychê*, *6*(9), 167-176.

Pinheiro, T. & Jordão, A. (2000). Antecedentes históricos da construção do conceito de narcisismo. In R. Herzog (Org.), *A psicanálise e o pensamento moderno* (pp. 11-27). Contra Capa.

Roudinesco, E. & Plon, M. (1998). *Dicionário de psicanálise* (V. Ribeiro & L. Magalhães, Trads.). Zahar. (Trabalho original publicado em 1997).

Soler, C. (1991). Pérdida y culpa en la melancolía. In C. Soler, *Estudios sobre las psicosis* (I. Agoff, Trad., pp. 33-44). Manantial. (Trabalho original publicado em 1989).

Torok, M. (1995). Doença do luto e fantasia do cadáver saboroso. In N. Abraham & M. Torok, *A casca e o núcleo* (M. J. R. F. Coracini, Trad., pp. 215-236). Escuta. (Trabalho original publicado em 1968).

Verztman, J. S. (2001). A relevância da psicanálise na melancolia. *Arquivos Brasileiros de Neurologia, Psiquiatria e Medicina Legal, 96*(76), 36-51.

Verztman, J. S. (2002). O observador do mundo: a noção de clivagem em Ferenczi. *Ágora, 5*(1), 59-78.

Verztman, L. & De Paola, D. (1981). *Colagenoses: doenças difusas do tecido conjuntivo*. Epume.

Winnicott, D. W. (1990). Distorção do ego em falso e verdadeiro self. In D. W. Winnicott, *O ambiente e os processos de maturação: estudos sobre a teoria do desenvolvimento emocional* (I. C. S. Ortiz, Trad., pp. 128-139). Artes Médicas. (Trabalho original publicado em 1960).

10. A perda da certeza de si[1]

Sabemos de quem herdamos a cor dos nossos olhos, mas permanecemos cegos dos nossos deuses e dos nossos sonhos. [...] Chega um momento em que, as coisas que foram vividas com paixão, o tempo empurra para o esquecimento, projetando-nos em direção ao futuro. E, no entanto, alguma coisa não muda, não mudará, resistirá, como um caroço de fruta consumida pelo calor, alguma coisa que é mais nós mesmos que o resto; alguma coisa pouco segura, mas de que nós estamos seguros. Não nos curamos nunca da esperança de ser nós mesmos.

Hector Bianciotti, *Sans la miséricorde du Christ*, tradução nossa

Escolhemos esse trecho do livro de Bianciotti como epígrafe porque ele consegue resumir o que pretendemos apresentar neste trabalho: a questão da certeza de si, da relação do eu com o tempo e com a identidade.

1 Texto escrito com Diane Viana; uma versão anterior foi publicada originalmente em 2011 com o título "Losing the certainty of self" em *The American Journal of Psychoanalysis*, 71, 352-360, 2011.

Quando se fala em certeza de si, o que se pode dizer é que esse não é um tema da psicanálise. A psicanálise é justamente um campo do saber que concebe o sujeito como dividido. Mais ainda: que concebe o eu como o lugar da ilusão, da pluralidade, do engano. Como então abordar o tema?

Se o eu é muitos, ele, no entanto, não perde a esperança de ser um. Para tal, o eu se agarra ao que for possível, a qualquer coisa que lhe dê a ilusão de unidade, mesmo que seja algo pouco seguro, como diz Bianciotti, mas algo de que ele (o eu) tem certeza, ou tem a esperança de ter certeza um dia. Essa certeza de si refere-se a algo que é mais ele do que qualquer outra coisa, algo imóvel, que passa pela ação do tempo sem sofrer seus efeitos e permanece imutável. É assim, de alguma maneira, como o fiador de um si mesmo, de que cada um pode lançar mão sempre que necessário. A certeza de si é, portanto, mais uma ilusão egoica, mas uma ilusão que funciona como pedra fundamental, da qual a construção de nós mesmos tem necessidade para se mover, para viver. Sem ela, a possibilidade de interlocução interna pode desaparecer. Sem ela, o eu fica refém do que o outro afirma sobre si mesmo. Nesse caso, o eu ganha, por assim dizer, uma exterioridade radical. O que o eu é passa a ser o que o outro afirma que é.

Ao reler esse trecho do livro de Bianciotti, a primeira indagação que nos ocorre é a de saber se essa ainda é uma questão da clínica atual. No contexto cultural em que a psicanálise surgiu, no início do século XX, ao questionar o eu como não sendo uma unidade, ela produziu um efeito surpreendente para a época. Ao apontar a neurose como um enredo de certezas nada confiáveis, revolucionou a maneira de conceber o psiquismo. Passados mais de 100 anos da primeira edição do livro *A interpretação dos sonhos*, para os jovens dos dias de hoje, a concepção do eu como pluralidade é quase uma banalidade. Atualmente, o que constatamos na clínica são queixas que, na maior parte dos casos, parecem estar longe do conflito psíquico montado em certezas bem amarradas pelo sintoma.

Ferenczi é um autor que vem sendo retomado por ter trazido para o campo da psicanálise questões com as quais a clínica contemporânea tem se defrontado. Vamos considerar na obra dele uma noção chamada ora de confiança nos próprios sentidos, ora de convicção. Optamos pela expressão *certeza de si*. A escolha tem o propósito de ressaltar o caráter metafísico da concepção egoica. Freud mostra o quanto o sujeito, apresentado pela psicanálise como dividido, nada tem com as pretensões do eu mais afeito ao *cogito* de Descartes. Entretanto, é quase impossível separar o eu da sua proposta metafísica. Mesmo que na atualidade a concepção do eu como plural não surpreenda, isso não significa que se possa prescindir da ideia de essência, de núcleo, ou da ideia de um referencial único e estável que funciona como eixo de organização identificatória. Essas noções ainda parecem imprescindíveis.

Pretendemos discutir a noção de certeza de si para depois apresentar algumas questões que o Núcleo de Estudos em Psicanálise e Clínica da Contemporaneidade (Nepecc)[2] vem constatando e trabalhando nas suas pesquisas teórico-clínicas.

Como indicamos em outro trabalho (Pinheiro et al., 1998),[3] Ferenczi estabelece o descrédito como o fator traumatizante por excelência, cuja sequela mais evidente seria a perda da certeza de si. O descrédito tiraria a confiança no que se percebe e no que se viveu. "Se a criança se restabelece de uma tal agressão, sofre uma

2 Núcleo de pesquisa estabelecido por um acordo entre o Instituto de Psiquiatria da Universidade Federal do Rio de Janeiro e o Programa de Pós-Graduação em Teoria Psicanalítica da mesma universidade, coordenado por Julio Verztman e Teresa Pinheiro.

3 O texto em questão é "A certeza de si e o ato de perdoar", presente neste volume (Capítulo 3), ao qual remetemos o leitor para uma abordagem mais aprofundada das ideias expostas a seguir.

enorme confusão; a bem da verdade, já há uma clivagem, ela ao mesmo tempo é inocente e culpada, e sua confiança no testemunho dos seus próprios sentidos está quebrada" (Ferenczi, 1933/1989, p. 352).

O descrédito é capaz de tirar a certeza das próprias percepções, de modo que a criança perde a confiança nos próprios sentidos. O conceito de introjeção proposto por Ferenczi ajuda a entender isso. É ela que faz a criança se apropriar do sentido. Nesse caso, o objeto é apenas o suporte daquilo a que visa a introjeção, ou seja, a apropriação dos sentidos, do universo simbólico de que o objeto é portador. São esses sentidos, de que o objeto é portador, que a introjeção procura incluir na esfera psíquica. O fato de a introjeção dizer respeito à linguagem, ao mundo de representações do objeto, à ordem de valores, ao investimento e ao sentido, mais do que ao objeto em si, é para Ferenczi o primordial nesse conceito. Portanto, se é por meio do outro que a criança tem acesso ao sentido, o descrédito impede a apropriação dos sentidos do que foi percebido e vivido. O conceito de introjeção como condição inaugural da constituição subjetiva remete necessariamente à noção de narcisismo.

Freud postula o narcisismo como invenção de dois adultos (Pinheiro, 1995), invenção da qual o bebê se apropria e na qual acredita. A crença daquele que aposta em Sua Majestade, o bebê é a matéria-prima na constituição da subjetividade e o solo em que a certeza de si se apoiará. O inventor narcísico se torna o fiador, e durante muito tempo será o possibilitador e a causa do investimento do sujeito no universo da linguagem e da produção de sentidos. A certeza de si é a apropriação dessa onipotência creditada pelo outro. Com a certeza de si, a invenção narcísica deixa de ser algo recebido passivamente do outro e se torna uma produção do próprio sujeito que advém. Para o sujeito, o maior patrimônio dessa produção será a posição afirmativa no dizer de si. Assim, podemos pensar que a abordagem do narcisismo que levou Freud a formular o medo de perder o amor agora leva a crer que se trata de fato do medo de perder o fiador.

Em 1913, ao teorizar sobre os caminhos percorridos para adquirir a certeza de si, Ferenczi diz que a primeira fé ou primeira crença que a criança tem é na própria onipotência. Somente num segundo momento é possível abrir mão da sua onipotência, mas não da ideia de onipotência, agora depositada nos adultos investidos afetivamente. No texto mencionado, Ferenczi afirma: "O primeiro artigo de fé da criança, quando ela começa a tomar consciência da realidade, é o seguinte: é real, ou seja, existe fora de mim, tudo o que – mesmo eu não querendo – se impõe a mim como percepção sensível" (1913/1992, p. 31).

Desse modo, a certeza de si está intimamente ligada à percepção do mundo sensível, ficando implícito que, para Ferenczi, essa percepção só é possível no campo do humano se o sujeito se reconhece como intérprete daquilo que percebe.

No âmbito das pesquisas que vêm sendo realizadas no Nepecc, embora os pacientes atendidos apresentem quadros bem diferentes de queixas e sintomas, observa-se um traço comum entre eles, que aponta para a falta de certeza de si. Esse núcleo se constituiu justamente para abrigar pesquisas sobre os impasses e desafios da clínica contemporânea, que remetem a uma organização subjetiva bastante peculiar, mas muito pregnante na atualidade, e que se distancia do modelo clássico da metapsicologia, calcado na histeria.

O cenário subjetivo da atualidade, cujo mal-estar se mostra na clínica hoje, revela manifestações sintomáticas que pouco se prestam à regra básica da livre associação e à técnica da interpretação, dada a ausência de um modo próprio de produção fantasmática. Uma narrativa que não faz uso de recursos metafóricos, reduzida muitas vezes a uma dimensão informacional, e uma fala sobre o mal funcionamento do corpo levam muitos analistas a se indagar sobre como estabelecer um trabalho clínico com esses pacientes que não apresentam as formações do inconsciente e dificultam a escuta flutuante, impondo limites à analisabilidade nos moldes clássicos da cura-tipo.

Essa realidade psíquica, que põe inúmeros problemas para a técnica analítica, vem sendo recenseada pela literatura psicanalítica e recebendo diversas denominações, como neurose de caráter, falha básica, falso self, *borderline* ou caso-limite, numa tentativa de descrever e pensar esses novos quadros clínicos. Nesse sentido, no bojo de nossas discussões teórico-clínicas, designamos como patologias narcísicas o conjunto de configurações subjetivas que remetem, em nosso entender, a uma problemática da ordem da constituição narcísica dos sujeitos atendidos pela pesquisa, conferindo ao conceito de narcisismo uma posição central em nossas investigações. No início de nossa pesquisa, partimos da aproximação proposta por Maria Torok (1968/1995) entre a metapsicologia da melancolia, estabelecida por Freud em 1917, e a do paciente traumatizado, apresentada por Ferenczi em "Confusão de língua entre os adultos e a criança" (1933/1989). Com essa aproximação, a organização psíquica melancólica abriga diferentes sintomas e permite ampliar o leque em que podemos encontrar os diferentes quadros clínicos, como falso self, personalidades narcísicas, melancólicos e *borderlines*.

Para melhor demonstrar o que desejamos apresentar, recorreremos a breves exemplos clínicos de pacientes atendidos pelo Nepecc, ilustrativos de nossa hipótese de trabalho acerca de uma importante perda narcísica atrelada à falta de certeza de si que caracteriza esses casos.

A relação com o corpo é bastante peculiar em alguns casos, denotando um sentimento de estranheza do sujeito em relação às sensações e percepções do próprio corpo (Pinheiro, Verztman, Viana et al., 2006). Uma de nossas pacientes mostrou acentuada dificuldade no mapeamento corporal num episódio em que relatou dor de dente. Quando encaminhada ao clínico, este constatou a existência de uma úlcera estomacal. Essa alteração na capacidade de nomear as sensações corporais é bastante comum em outros casos atendidos pela pesquisa. Constatamos que a presença de um outro (geralmente, um médico) que passa a nomear esse corpo tem uma função fundamental, que parece capaz de organizar a imagem corporal e a identidade desses sujeitos.

Outra vinheta clínica interessante para esta discussão é o caso de uma paciente que se apresentou à analista de posse do seu prontuário médico, com todos os seus exames e o diagnóstico de doença autoimune. Diz ela: "Tenho síndrome de Raynaud. O lúpus é interrogado. Vi escrito na ficha no Fundão [hospital universitário em que era atendida]". O diagnóstico "interrogado" entre essas duas hipóteses clínicas conferiu à paciente uma possibilidade de identificação assegurada pelo discurso médico, que paradoxalmente, por meio de sua doença, lhe atestou uma existência e lhe propiciou uma narrativa de si.

Outra paciente lúpica apropriou-se da história de sua doença para lhe conferir algo que podemos considerar da ordem de uma certeza de si. Sua identidade foi literalmente construída por meio das denominações médicas de sua patologia. Sem um diagnóstico confirmado de síndrome de Sjögren, a paciente afirmava ter a doença, queixando-se de seus sintomas e carregando consigo o material de apoio aos portadores dela. Nessas circunstâncias, ela disse: "Acho bonito ter uma tribo" – a qual, no caso, lhe atribuiu um nome (lúpus), acrescido de um sobrenome (Sjögren).

Nesse grupo de pacientes, observamos que foi pela história de suas doenças e dores físicas que o esboço de uma relativa certeza de si foi construído em análise. A aquisição de atributos e, consequentemente, a possibilidade de narrar uma história sobre si mesmo estiveram atreladas a um discurso externo, que lhes permitiu apropriar-se de seu corpo e testemunhar sua existência.

Consideramos que a mesma ordem de questão - a precariedade da organização narcísica e o abalo da certeza de si - esteja presente em outro grupo de pacientes atendidos pelo Nepecc, a despeito da diferença de seu quadro de sintomas, que gira em torno do que a psiquiatria convencionou denominar fobia social. Esses casos se caracterizam pelo profundo sentimento de vergonha ou inadequação diante do outro, em geral acompanhado de uma avaliação depreciativa atribuída ao olhar alheio, em relação ao qual esses sujeitos demonstram uma preocupação extrema, que perpassa toda a sua existência. De modo que pensamos ser essa *vergonha de si*, comumente da própria imagem e aparência, a emoção básica que organiza a vida subjetiva desses pacientes. Vejamos dois exemplos clínicos.

Pedro apresentava uma profunda inibição e a sensação de um grande vazio interior, que devastava a sua existência e o tornava, na maior parte do tempo, um sujeito muito deprimido e retraído, física e socialmente. Ele relatava um temor de ser exposto a situações de humilhação, ao que ele rebatia com o que denominava seu mecanismo de defesa: "Desconfiar para não se decepcionar". Paradoxalmente, a desconfiança generalizada era a única certeza que Pedro podia sustentar. Sobre si mesmo, nutria a imagem absoluta de incapaz, como se a incapacidade, de modo geral, o descrevesse por inteiro, levando-nos a pensá-la como sua marca identificatória. A linguagem utilizada por ele também guardava essa dimensão de absoluto, não havendo brechas para relativizações. Isso quando não se mostrava de forma imagética, conduzindo a analista a cenas de humilhação e espancamento. Entretanto, ele só se dava conta da intensidade do seu mal-estar quando alguém de fora o informava - fosse a mãe, que ao sugerir a análise o fez sentir-se "surrado por dentro", fosse a analista, que ao sugerir um psiquiatra desencadeou a indagação: "Estou tão mal assim?". Como o seu intenso mal-estar, a sua timidez era evidente. Ainda que não nomeada por Pedro, a vergonha de existir estava sempre presente para ele diante da sua constante sensação de insuficiência e incapacidade.

Em outro caso, o de Pablo, a vergonha também está colocada, embora de forma diferente do que acontece com Pedro, uma vez que é nomeada pelo portador. Pablo tem imensa dificuldade de convívio social, em função de seu temor do contato com pessoas e lugares desconhecidos, e mais especificamente do que os outros vão pensar sobre ele e do constrangimento e embaraço que isso lhe causa. Diante do olhar do outro, Pablo apresenta uma angústia intolerável, e o medo de ser ridicularizado e descoberto em alguma falta que ele próprio desconhece.

Em ambos os casos, a vergonha de si implicada na história desses sujeitos parece lhes atestar a própria condição de existência, funcionando até como o organizador de sua vida subjetiva. A vergonha aí nos remete à emoção sentida em relação à perda da certeza de si, destituição essa que marca indelevelmente a continuidade de existência desses sujeitos, golpe narcísico ao qual sobreviverão às custas da desvalorização da própria imagem. Na ausência de uma referência interna e de uma narrativa sobre si, o sujeito se reconhece na exterioridade de uma imagem refletida no olhar do outro, que vai lhe dizer quem ele é (Pinheiro, Verztman, Venturi et al., 2006). Não é casual a sensação de ser transparente relatada por esses pacientes.

Guardadas as particularidades de cada caso e de cada formação sintomática, a clínica com esses pacientes nos remete à dimensão de descrédito nos próprios sentidos, que lança a subjetividade numa busca incessante de referências externas para sustentar uma mínima organização de si. Assim, essa problemática está longe dos paradigmas de introspecção e interioridade em que se assenta a formação clássica da neurose. Parece-nos inevitável pensar nas questões que a clínica contemporânea propõe para a psicanálise e nos recursos teóricos e técnicos de que dispomos para exercer o ofício de analista hoje.

A modernidade de Ferenczi atinge todo o seu frescor num tempo em que os casos difíceis se tornaram não mais a exceção, mas a regra. O deslocamento do eixo da histeria para o do narcisismo, ou seja, das vicissitudes do recalque para as vicissitudes da clivagem, é uma alternativa para pensar a constituição subjetiva hoje. Isso necessariamente opera uma transformação tanto da direção do tratamento – da desconstrução da alienação do eu à invenção de si – quanto do lugar do analista, que de intérprete passa muitas vezes a ser a testemunha dessa (re)invenção.

Referências

Ferenczi, S. (1989). Confusão de língua entre os adultos e a criança. In S. Ferenczi, *Escritos psicanalíticos: 1909-1933* (J. Bastos & A. Telles, Trads., pp. 347-356). Taurus. (Trabalho original publicado em 1933).

Ferenczi, S. (1992). Fé, incredulidade e convicção. In S. Ferenczi, *Obras completas* (A. Cabral, Trad., Vol. 2, pp. 27-38). Martins Fontes. (Trabalho original publicado em 1913).

Freud, S. (1984). Duelo y melancolía. In S. Freud, *Obras completas* (J. L. Etcheverry, Trad., Vol. 14, pp. 235-256). Amorrortu. (Trabalho original publicado em 1917).

Pinheiro, T. (1995). Algumas considerações sobre o narcisismo, as instâncias ideais e a melancolia. *Cadernos de Psicanálise*, *12*(15), 20-28.

Pinheiro, T., Jordão, A. & Martins, K. P. H. (1998). A certeza de si e o ato de perdoar. *Cadernos de Psicanálise*, *14*(17), 160-175.

Pinheiro, T., Verztman, J., Venturi, C. & Barbosa, M. (2006). Por que atender fóbicos sociais? Justificativa de uma pesquisa clínica. In A. Bastos (Org.), *Psicanalisar hoje* (pp. 143-172). Contra Capa.

Pinheiro, T., Verztman, J., Viana, D., Venturini, C., Caravelli, S. & Canosa, L. (2006). Patologias narcísicas e doenças autoimunes: algumas considerações sobre o corpo na clínica. *Psicologia Clínica*, *18*(1), 193-204.

Torok, M. (1995). Doença do luto e fantasia do cadáver saboroso. In N. Abraham & M. Torok, *A casca e o núcleo* (M. J. R. F. Coracini, Trad., pp. 215-236). Escuta. (Trabalho original publicado em 1968).

11. A introjeção: uma teoria de linguagem e as narrativas contemporâneas[1]

Para muitos historiadores e teóricos da psicanálise, *A interpretação dos sonhos* (Freud, 1900/1979) é o texto inaugural de um saber que nasce junto com o século. Não é o ponto de partida da psicanálise, mas o texto que concebe a psicanálise como um saber. Nele a hipótese do inconsciente encontra um modelo teórico coerente, em que os conceitos estão encadeados e articulados na proposta de um aparelho psíquico – aparelho psíquico concebido como um aparelho de linguagem.

Para Freud, a questão da fala e da linguagem era necessariamente da ordem do psíquico. Portanto, sua construção teórica do aparelho psíquico partia de dois pressupostos básicos: o primeiro era o de que o homem fala, algo do qual esse aparelho terá que dar conta; o segundo era o de que essa fala está marcada pela sexualidade, pois o trabalho com as histéricas apontava para isso.

---

1 Texto apresentado originalmente em: 10º Encontro da Sociedade Portuguesa de Psicoterapias Breves, Lisboa, 2011. Publicado em Sociedade Portuguesa de Psicoterapia Breve (Org.). (2011). *A identidade do modelo e a contribuição de Ferenczi na psicoterapia breve* (Vol. IX, pp. 13-26). SPPB.

A teoria representacionista da primeira tópica e a concepção de aparelho psíquico propõem, no meu entender, uma concepção de linguagem inteiramente diferente da teoria da clínica psicanalítica. Sugiro analisar essa questão a princípio sob o ângulo do surgimento da psicanálise.

Antes de escrever *A interpretação dos sonhos*, Freud foi construindo o arcabouço teórico da psicanálise a partir da clínica com as histéricas. No contexto do fim do século XIX, parece evidente que o caminho para desvendar a etiologia da histeria teria necessariamente que passar pela sexualidade. Nessa época, todos os especialistas em doenças mentais reconheciam a importância do fator sexual na gênese dos sintomas neuróticos, sobretudo na histeria. Mas nenhum deles sabia como teorizar essa constatação. Freud segue a pista apontada por Charcot, de que era preciso ouvir o que as histéricas diziam.

Ao ouvir as histéricas e buscar no discurso delas algo esclarecedor sobre o modo de funcionamento psíquico, Freud acabou por conceber os conceitos-chave da psicanálise, como o recalque, o qual o levou a formulações sobre o modo de funcionamento do sistema inconsciente e à concepção de um aparelho psíquico regido pelo princípio do prazer. A ideia central de Freud era a de que, por trás do sintoma de conversão da histeria, havia uma ideia intolerável para a consciência. Essa ideia, por sua vez, remetia sempre para algo de ordem sexual, ou mais precisamente para um desejo sexual proibido. A ideia banida para o inconsciente exigia uma descarga de prazer e, por ser recalcada, encontrava uma solução de compromisso no sintoma. A montagem dessa hipótese dá a Freud a postulação de uma sintaxe inconsciente. Ora, nessas ideias estavam contidas outras: se a histérica sofria de reminiscências, então esse aparelho era um aparelho de memória, um grande arquivo, tendo de um lado um material sempre disponível e acessível, e do outro um arquivo com regras próprias de funcionamento.

É a partir desse modelo que conceitos fundamentais da psicanálise foram construídos: recalque, fantasia, identificação, transferência, sintoma, passividade e atividade, masoquismo e sadismo, princípio do prazer etc. Esses conceitos fundamentais estão montados na concepção de representação, que, por sua vez, e pelo menos nesse momento, constitui-se quase como prova material da ideia de aparelho psíquico como aparelho de memória. Essas concepções, tal como formuladas então, tinham por pressuposto a existência de um estado mental consciente ou inconsciente que dava conta dos enunciados, ou dos fenômenos de linguagem. Na proposta freudiana de um aparelho de memória, havia uma materialidade das representações que levou a entendimentos bastante complicados sobre a prática psicanalítica.

Gori e Hoffmann (1999) observam que, se interpretar consistisse simplesmente em produzir sentido a partir de uma leitura direta do material apreendido como signos de estados mentais inconscientes, tal empreendimento em nada se diferenciaria da interpretação paranoica e da leitura dos pensamentos. Ressaltam ainda que a ilusão do analista de que cabe a ele decifrar, para o analisando, esses conteúdos se sustenta numa teoria implícita da fala e da linguagem, que considera o discurso associativo uma expressão de estados mentais ou representações supostamente inconscientes. A via mentalista levaria os psicanalistas a reconstruir estados mentais ou afetivos numa interioridade que reforça a concepção naturalista do psiquismo. Essa foi, como sabemos, a mais dura acusação que a escola kleiniana sofreu. Os jargões interpretativos dos analistas kleinianos estavam embasados nesse pressuposto. Klein propôs sempre uma concepção metafísica do aparelho psíquico. Suas hipóteses de protofantasias e mesmo de pulsão de morte mostravam claramente sua opção pela vertente mentalista. Seus seguidores foram mais concretos e radicais, muitas vezes deixando de usar o bom senso. Por que o mesmo não acontece – de maneira tão evidente, pelo menos – com os ditos "freudianos de carteirinha"? A razão disso talvez esteja no fato de Freud construir seu corpo teórico sob a influência de Brentano, dos positivistas etc., mas sua concepção de linguagem, quando propõe a teoria da prática clínica, parecer inteiramente outra. Ao ouvirmos um paciente em sessão falar de qualquer sentimento seu – por exemplo, de que ama alguém –, mesmo que não formulemos a pergunta diretamente nesse momento, surge a questão: o que você entende por amor? Ou: como é para você amar? Partimos sempre do pressuposto de que não sabemos o que é para ele amar, o sentido não está dado. Sabemos que seu conceito de amor pode ser plural, pois foi conquistado no emprego do termo no meio familiar, na escola, na cultura. Usando-o correta e/ou incorretamente, foi determinando os contornos do seu sentido e interpretando-o pelo uso que os outros faziam dele.

Uma vez uma francesa me falou de seu rancor e mágoa por não ter ouvido um *merci* de seu amado quando lhe preparou todas as delícias culinárias que ele tanto apreciava. Seu amado era brasileiro, e aqui, como sabemos, amar é sinônimo de compreensão que dispensa palavras. A palavra distanciaria o casal, daria um formalismo quase agressivo à relação. Assim, dizer obrigado nas relações amorosas, como a francesa tanto esperava, provavelmente seria entendido pelo brasileiro como provocação, como se estivesse chamando para a briga. Nessas situações, um muito obrigado pode ser fatal. Quem ama é telepata, ou deveria sê-lo, e além disso a intimidade dispensa todas as ditas frases formais. Ora, na cultura francesa, o afeto passa pelo maior emprego possível de palavras. Quem ama fala. O exemplo, puramente ilustrativo, dá uma noção abrangente do que acontece na clínica.

Portanto, se formos buscar na teoria freudiana o suporte teórico de Freud para pensar a teoria da clínica, teremos que ir lá onde as concepções mentalistas fracassaram. Por exemplo, quando ele, em "Introdução ao narcisismo" (1914/1984), diz que os pais inventam Sua Majestade, o bebê. É a partir da projeção do narcisismo de um adulto que o *infans* pode se apropriar do narcisismo desse adulto e se pensar como completo e não desamparado (Pinheiro, 1995a). Esse modelo imaginário tem origem na construção fantasmática feita por cada um dos pais a partir de seu próprio narcisismo, narcisismo esse que será projetado no filho e inventará nele o mesmo modelo de completude e onipotência. Inventando isso, as figuras parentais estão inventando no *infans* uma subjetividade com toda a riqueza de detalhes que o imaginário humano pode produzir, sobretudo aquilo que a completude e a onipotência trazem em seu bojo: o subtexto do desamparo, da incompletude etc. Ao propor isso, Freud não está concebendo esse aparelho dentro de uma concepção mentalista. Ao contrário, está afirmando em toda a sua radicalidade que a subjetividade é algo inventado. É pela re-leitura desse Freud que Lacan pode banir as representações e propor os significantes sem ser considerado um herege.

O homem pensado em "Introdução ao narcisismo" se constitui enquanto subjetividade a partir da invenção de que ele é um ser de subjetividade apostada e afiançada pelos adultos que dele se ocuparam. E é nessa relação entre adultos humanos e bebê que o sujeito advirá. Essa concepção de linguagem, me parece, em nada difere da filosofia da linguagem pragmática, que vem interessando a tantos psicanalistas no Brasil e na França. Por esse viés, não é difícil propor que o inconsciente na psicanálise não é um lugar nem tem qualquer materialidade, mas acontece no jogo de linguagem que o dispositivo analítico propõe, em que a transferência será a artesã de uma fala que se disponibiliza para uma pluralidade de outros sentidos ou outras "descrições". "O sonho, o infantil, a puberdade, e mais particularmente o acontecimento, só existem no dispositivo transferencial do processo analítico enquanto advento da fala" (Gori & Hoffmann, 1999, p. 381). Faltaram na lista de Gori e Hoffmann o ato falho e o lapso, que têm necessariamente de estar presentes. No dispositivo psicanalítico, a noção de linguagem é totalmente diversa da que encontramos no corpo teórico freudiano em geral: se nesse último a noção de linguagem está mais para Brentano e os mentalistas, no primeiro ela está muito mais para a pragmática.

O conceito de introjeção em Ferenczi

Em 1909, Ferenczi escreve "Transferência e introjeção", seu primeiro texto verdadeiramente psicanalítico. O conceito de introjeção lança outra possibilidade de compreender a linguagem

Até então o que se tinha era, desde 1905, um Freud hesitante, que abre os *Três ensaios sobre a teoria sexual* afirmando seu pensamento como distante da postulação da medicina de uma relação direta entre instinto e satisfação. Propõe o conceito de pulsão como pressuposto teórico que seria capaz de desfazer a relação necessária entre instinto e satisfação, mas termina o livro quase que desdizendo o que afirmara na abertura.

A introjeção é primeiramente definida por Ferenczi como o movimento de expansão para o mundo em busca dos objetos. Um poema de *Álvaro de Campos, heterônimo de* Fernando Pessoa (2007, p. 93), é exemplar para compreendermos a concepção ferencziana:

> *Eu adoro todas as coisas*
> *E o meu coração é um albergue aberto toda a noite.*
> *Tenho pela vida um interesse ávido*
> *Que busca compreendê-la sentindo-a muito.*
> *Amo tudo, animo tudo, empresto humanidade a tudo,*
> *Aos homens e às pedras, às almas e às máquinas,*
> *Para aumentar com isso a minha personalidade.*

> *Pertenço a tudo para pertencer cada vez mais a mim próprio*
> *E a minha ambição era trazer o universo ao colo*
> *Como uma criança a quem a ama beija.*

A introjeção é também definida como o primeiro e único processo psíquico. Ferenczi a apresenta como a extensão do investimento dirigido aos objetos, a inclusão do mundo externo na esfera do eu. Nesse sentido, a introjeção é sinônimo de amor ou transferência. Quando publica, em 1912, o artigo "O conceito de introjeção", visando tirar todas as dúvidas suscitadas no texto de 1909, Ferenczi afirma:

> *Eu descrevi a introjeção como a extensão ao mundo externo do interesse, autoerótico na origem, pela introdução dos objetos exteriores na esfera do ego. Insisti nessa "introdução", para sublinhar que considero* todo amor objetal *(ou* toda transferência*) como uma extensão do ego ou* introjeção, *tanto no indivíduo normal quanto no neurótico (e no paranoico também, naturalmente, na medida em que ele conservou essa faculdade). (1912/1991a, p. 181)*

Mais adiante no mesmo texto, acrescenta: "Em última análise, o homem só pode amar-se a si mesmo e a mais ninguém; amar a outrem equivale a integrar este outrem no seu próprio ego" (p. 181). O conceito de introjeção é, desse modo, um precursor fundamental do conceito de narcisismo de Freud. De maneira enfática e contundente, Ferenczi aponta para a montagem e a função narcísica do eu. O ponto de partida do pensamento ferencziano não é muito diferente da proposta de Freud no texto "Introdução ao narcisismo", publicado cinco anos após o texto "Transferência e introjeção". Ou mesmo do texto sobre Schreber, publicado dois anos depois. Tanto no texto ferencziano de 1909 quanto em "Introdução ao narcisismo", existe a postulação de um psiquismo concebido inicialmente como mônada ou como autoerotismo, em que "uma nova ação psíquica" provocaria a mudança da direção pulsional para o objeto, como é mencionado por Freud no texto de 1914. Nos termos de Ferenczi, essa seria a própria introjeção.[2] O autor explica que, após a projeção primitiva, ou seja, após defender-se do desprazer pela via da projeção primitiva, teria lugar a introjeção primitiva, que é assim concebida:

> *Entretanto, uma parte maior ou menor do mundo externo não se deixa expulsar assim tão facilmente do ego, mas persiste em impor-se, como que por desafio: ama-me ou odeia-me, "combate-me ou sê meu amigo!".*[3] *E o ego cede a esse desafio, reabsorve uma parte do mundo externo e a incluirá em seu interesse: assim se constitui a primeira introjeção, a "introjeção primitiva". O primeiro amor, o primeiro ódio realizam-se graças à transferência: uma parte das sensações de prazer ou desprazer, autoeróticas na origem, deslocam-se para os objetos que as suscitaram. (1909/1991b, p. 85)*

Nessa perspectiva, verifica-se que a introjeção tem o caráter de um processo do aparelho psíquico, longo, complexo e extremamente laborioso. Não é um fenômeno isolado, que acontece de

---

2 "Pode-se pensar que o recém-nascido experimenta todas as coisas de maneira *monista*, que se trate de um estímulo externo ou de um processo psíquico. Só mais tarde a criança aprenderá a conhecer a 'malícia' das coisas, aquelas que são inacessíveis à introspecção, rebeldes à vontade. O monismo converte-se em dualismo" (Ferenczi, 1909/1991b, p. 85).

3 Citação de *O crepúsculo dos deuses*, de Wagner.

maneira aleatória. Na obra ferencziana, a introjeção é a própria forma de funcionamento desse aparelho, aquilo que o psiquismo pode e sabe fazer. A introjeção está por trás daquilo que o psiquismo é capaz de produzir: a capacidade de dar sentido ou de se apropriar do sentido, a capacidade de fantasiar e de fazer identificações. O resto seriam mecanismos de defesa, entendidos aí como dispositivos eventuais, usados pontualmente quando necessário.

Outro aspecto importante a ser ressaltado é que Ferenczi propõe a introjeção como oposta à projeção não apenas pela direção em que atuam, mas porque obedecem a metapsicologias diferentes: a primeira é um processo, e a segunda, um mecanismo de defesa. Mas, além da antecipação que o conceito de introjeção faz do conceito de narcisismo, ele é a primeira forma de entendimento que Ferenczi fará do aparelho psíquico como aparelho de linguagem, concepção extremamente moderna para a sua época. Ferenczi considera que só por meio da introjeção um sentido se torna passível de ser apropriado. Dito de outra maneira, é a introjeção que, pela inclusão do objeto, faz desse aparelho psíquico um aparelho de linguagem. Desse modo, subverte também a noção de relação de objeto para a psicanálise. O objeto nada mais é que o suporte daquilo a que visa a introjeção, ou seja, a apropriação dos sentidos dos quais o objeto é portador (Pinheiro, 1995a).

A introjeção busca incluir na esfera psíquica o universo simbólico do qual o objeto é portador. O fator primordial desse conceito, para Ferenczi, é o fato de a introjeção dizer respeito à linguagem, ao mundo de representações do objeto, à ordem de valores, ao investimento e ao sentido. Diferentemente da proposta de Melanie Klein, em que a questão da introjeção relaciona-se com o objeto em si, em Ferenczi o objetivo da introjeção refere-se sobretudo à subjetividade, procura mover para a esfera psíquica aquilo que o objeto designa como seus sentimentos, o objeto funciona apenas como suporte do universo simbólico que traz consigo. As representações carregadas de sentido possibilitam ao aparelho psíquico apropriar-se do que lhe falta: o sentido. Se tomarmos como exemplo a introjeção do seio, o fundamental nesse processo será a inclusão da noção de prazer ou desprazer desse seio em amamentar. O objeto seio nada mais é que um suporte dos sentimentos, dos sentidos que traz consigo, estes, sim, essenciais. As primeiras identificações têm por função básica mediar, dando sentido ao que não tem, possibilitando assim uma circulação interna capaz de produzir outros sentidos.

Esse aparelho que se apropria do sentido dado pelo objeto é necessariamente um aparelho de interpretação. Desse modo, será capaz de forjar as identificações por traço, como as descritas por Freud na etiologia da histeria. Também será capaz de articular, por deslocamento, cadeias de representação no movimento da transferência ou do amor, numa articulação da cadeia associativa em que a dialética da interpretação do desejo do outro obriga ao movimento da condensação (identificação histérica). Pelo viés da introjeção, Ferenczi descreve a produção fantasmática assim:

> *Observamos na neurose um processo diametralmente oposto. Pois enquanto o paranoico projeta no exterior as emoções que se tornaram penosas,* o neurótico procura incluir em sua esfera de interesses uma parte tão grande quanto possível do mundo externo *para fazê-lo objeto de fantasias conscientes ou inconscientes. Esse processo, que se traduz no exterior pela* Süchtigkeit[4] *dos neuróticos, é considerado um processo de diluição, mediante o qual o neurótico procura atenuar a tonalidade penosa dessas aspirações "livremente flutuantes",*

4 Ferenczi recorre aqui ao termo alemão para exprimir a noção que definiu antes pelos termos *impulso*, *tendência* e *aspiração*.

> *insatisfeitas e impossíveis de satisfazer. Proponho que se chame* introjeção *a esse processo inverso da projeção. (1909/1991b, p. 101)*

A introjeção é um movimento cuja descrição e finalidade só podem ser entendidas por meio dos atributos da libido, ou seja, de aglutinação. Essa apropriação pode se dar por meio da identificação, conforme indica Ferenczi na seguinte passagem:

> *Tudo considerado, o fato de as crianças obedecerem a seus pais de bom grado e mesmo com prazer não é uma coisa evidente. Poder-se-ia esperar que elas considerassem as exigências de seus pais visando orientar seu comportamento e atos como coerção exterior, portanto uma fonte de desprazer. Com efeito, é esse o caso nos primeiros anos de vida, quando a criança só conhece satisfações autoeróticas. Mas o aparecimento do amor objetal modifica a situação por completo. Os objetos de amor são introjetados: são mentalmente integrados ao ego. A criança ama seus pais, ou seja, identifica-se com eles, sobretudo com os do mesmo sexo – o rapaz com o pai, a menina com a mãe –, vendo-se assim em todas as situações em que se encontra aquele dos pais que tiver sido objeto de identificação. Nessas condições, a obediência deixa de ser um desprazer; o rapaz sente inclusive satisfação diante das manifestações da onipotência paterna, dado que em suas fantasias apodera-se dessa potência e, portanto, está obedecendo somente a si mesmo quando se dobra* à vontade paterna. *(p. 84)*

Nesse texto, o viés privilegiado de entendimento da metapsicologia da identificação será narcísico. Essa é uma típica marca de

Ferenczi. Se em Freud até então a identificação era compreendida por meio da concepção de objeto da pulsão, da sexualidade, do edipiano etc., nesse momento Ferenczi considera que a identificação é possível graças à constituição narcísica da subjetividade. A criança obedece ao pai, que é o alvo da identificação pela sua força e grandeza, e no mecanismo de identificar-se com o pai ela estaria obedecendo a si mesma. O objeto tem por função, além de ser o portador do sentido que permite a inserção no mundo simbólico, promover o enriquecimento narcísico. O termo *narcisismo* ainda não tinha sido incluído no vocabulário da psicanálise, mas a palavra *enriquecimento*, utilizada por Ferenczi inúmeras vezes nesse texto e no de 1912, diz respeito, sem dúvida alguma, à questão narcísica. Aliás, é impressionante como nesse trabalho o conceito de narcisismo, que ainda não tinha sido formulado por Freud, está presente nos mínimos detalhes.

O movimento do processo de introjeção em nada se diferencia do narcísico, movimento totalizante em que a apropriação das qualidades do objeto funciona como possibilitadora da apropriação do sentido, vindo a compor junto com o objeto as bases identificatórias do que mais tarde formará o aparelho egoico como um todo. Estamos, então, diante da questão do narcisismo. Poderíamos dizer, aliás, que a questão ferencziana nesse momento se encontra e esbarra no conceito de narcisismo. Se é com base no caso Schreber e em *Totem e tabu* que Freud arregimenta material para escrever, em 1914, sobre o narcisismo, Ferenczi, em 1909, certamente não dispunha de nenhum instrumental teórico para abordar o que seria o ponto central de sua tese.

A partir de então, Ferenczi vai se ver obrigado a tentar dar conta de dois conjuntos de questões: por um lado, as questões teóricas de sua concepção da subjetividade, em sua vertente narcísica e simbólica, e suas implicações pulsionais; por outro lado, as questões impostas pela clínica psicanalítica. Esses dois percursos superpostos levarão à questão maior na obra ferencziana: o trauma – ou, se preferirmos, a teoria do trauma, que compreende tanto os traumas estruturantes, necessários, inevitáveis ou filogenéticos, como o trauma que, ao contrário, põe em risco toda a organização psíquica.

O tema da transferência será trabalhado a cada proposta técnica feita por Ferenczi. Trabalhará também temas afins, como a sugestão, a hipnose e a transferência materna e paterna. Essa última estará no centro da grande divergência entre Freud e Ferenczi, no fim da vida deste.

Introjeção, narcisismo e linguagem

Em 1913, no texto "O desenvolvimento do sentido de realidade e seus estágios", Ferenczi tenta sintetizar sua noção de acesso à linguagem (Pinheiro, 1995b). Ele enfatiza aí uma visão do psiquismo humano como tendo se organizado a partir da castração e da falta. A onipotência aparece, então, como a melhor e maior defesa diante delas, e o desejo como um sofrimento terrível, pois é o atestado de que castração e falta foram vislumbradas, de perto ou de longe. Esse texto é uma leitura, sob a ótica da linguagem, de *Totem e tabu*, publicado por Freud pouco antes. Nele, Ferenczi apresenta o ser humano como montado na onipotência do chefe da horda primitiva de *Totem e tabu* e preguiçoso por excelência. O longo caminho entre o autoerotismo e a linguagem verbal se dará aos trancos, com violência, porque a "malícia dos objetos" assim o impõe. É também porque o mundo se amplia e o desejo se impõe que a onipotência vai fracassando. Não basta mais apenas desejar para que as coisas aconteçam. Depois, não basta só apontar para receber o desejado. Pior que isso, pode vir a coisa errada. É imperioso falar, o último e o mais sofisticado recurso diante do desejo que não se acalma nunca.

No texto, o pensamento da criança e do obsessivo têm um único e mesmo objetivo: não ter mais que desejar. A análise de Jurandir Freire Costa (1988) sobre as ideias apresentadas por Ferenczi nesse trabalho é bastante esclarecedora.[5] O desejo de nada desejar é uma aspiração fadada ao fracasso: "A *mão estendida volta vazia, o objeto cobiçado não acompanha o gesto mágico*", diz Ferenczi (1913/1992, p. 46). O simbolismo gestual é obrigado a ser substituído pelo simbolismo verbal. É esse ambiente que antes atendia a tudo que começa a fracassar e a impor sua linguagem verbal, a única – segundo Ferenczi – que permite a adaptação à realidade, retardando a descarga motora reflexa e a liberação do desprazer.

A palavra ganha aí um estatuto específico de tampão para a impossibilidade de completude. O ato de representar verbalmente passa a ser algo imposto pelo meio simbólico, além de ter a função de tampão da angústia e do desamparo, e de freio da pulsão de morte. Melhor resultado da desintrincação pulsional, a palavra funciona como intermediária, como portadora da ambiguidade própria do simbólico. E isso é possível graças à ambivalência que o objeto necessariamente evoca.

Se o conceito de representação parece ajudar Freud a construir sua metapsicologia, ele começa a ser um problema para a noção de

---

5 "O objetivo de Ferenczi neste trabalho é mostrar a gênese ou aquisição do sentido de realidade. Em meio à demonstração aparecem as afirmações sobre a natureza das obsessões. O obsessivo é descrito como alguém que, à semelhança da criança, não renunciou à 'onipotência do pensamento' ou 'onipotência incondicional'. Que onipotência é esta? É a 'impressão de ter tudo o que se quer e não ter mais a desejar'. O 'desejo de nada desejar' em contrapartida persistia insaciável. Estava sempre no ponto zero da satisfação. Era este desejo que voltava à tona nos diversos estágios de aquisição do sentido de realidade, obrigando o psiquismo a criar formas de expressão que dessem conta desta exigência: gestos mágicos, pensamentos mágicos etc. Na dinâmica ferencziana, portanto, era a onipotência incondicional e não a pulsão o que movia o psiquismo em direção a novos objetos e novos métodos de satisfação" (Costa, 1988).

produção de sentidos do sistema inconsciente e torna-se incompatível com a sua teoria da clínica. Ao postular uma teoria da clínica psicanalítica, sem apresentar claramente uma teoria, Freud vai lançar mão de outra concepção de linguagem, que estaria muito mais próxima do conceito de introjeção.

Em 1914, em "Introdução ao narcisismo", para responder a Jung, Freud apresenta uma noção de psiquismo totalmente inserida no pensamento da diferença. Está claramente presente a ideia de um psiquismo que teria por origem uma tábula rasa. Postula que são dois adultos que inventam o bebê – Sua Majestade, o bebê – e que essa *é uma invenção criada a partir do narcisismo dos pais.* A subjetividade humana seria uma criação de seres adultos. Se tomamos essa concepção na sua radicalidade, podemos dizer que o próprio desejo é uma invenção; que noções como onipotência, impotência ou desamparo são também invenções; que esses adultos inventam uma subjetividade e seus modos de produção fantasmática. Um texto de Tagore (s.d.) pode ajudar a entender essa concepção, assim como o poema de Pessoa ajudou no conceito de introjeção:

> *"De onde eu vim? Onde você me encontrou?", pergunta o bebê à sua mãe.*
>
> *Ela chora e ri ao mesmo tempo e, apertando a criança contra o peito, responde:*
>
> *"Você estava escondido no meu coração, meu querido. Você era o meu desejo. Você estava nas bonecas da minha infância. E quando, a cada manhã, eu modelava na argila a imagem do meu deus, era você que eu fazia e refazia.*
>
> *Você estava no altar com a divindade da nossa casa. Ao adorá-la, eu te adorava. Em todas as minhas*

> *esperanças, em todos os meus amores, na minha vida, na vida da minha mãe, você viveu."*

Inventa-se o bebê dando-lhe atributos: ele se parece com fulano, ele está chorando por isso ou por aquilo, ele gosta disso ou daquilo, ele é assim, ele será herói, ela será princesa... Ele é fruto do imaginário desses adultos inventores.

Da histeria do século XIX às depressões contemporâneas

Se no fim do século XIX as histéricas predominavam na clínica psicanalítica, nos últimos anos os pacientes que chegam aos consultórios e a toda a rede de saúde mental são levados por uma enorme angústia ou sob fortes depressões. Chama a atenção, ao escutá-los, a total ausência da dimensão de futuro. Eles têm a vida marcada minuto a minuto. As redes sociais parecem, muitas vezes, ter o papel de tentativa de construir uma história de si de maneira detalhada: um diário que descreve um dia, desde o despertar até a hora de deitar. A continuidade do tempo – passado, presente e futuro – fica restrita ao presente, ao imediato, ao aqui e agora. Desprovidos de passado, fantasias com movimento e projetos de um futuro capaz de produzir movimento, vão pela vida carregando toda a ansiedade e o inferno de não saber como são vistos pelos outros. A questão corporal ganha neles relevo e dimensão. É esse corpo que exige prazer permanente ou dor muscular que determina o seu limite. Precisam descrever e recensear o espaço analítico. Apresentam uma forma narrativa imagética, com a descrição minuciosa de um cenário que captura a linguagem numa concretude espacial – forma discursiva muito distante do que está proposto no convite freudiano à associação livre. Para alguns deles, é como se fosse possível, com um bom vocabulário e um manejo correto das regras da sintaxe, descrever o mundo com tal precisão, que todos os ouvintes estariam diante da mesma cena. Em nome desse projeto, a ambiguidade e a polissemia das palavras estariam anuladas. Haveria uma proposta de univocidade, de texto científico, verdadeiros teoremas matemáticos, assépticos e monocórdios. Estão na vida como se fossem transparentes. Não há lugar para o engano, o tropeço, o equívoco. Parecem ter sido inventados sem direito à ilusão. O mundo é, as coisas são, como se tivessem uma relação direta com Parmênides.

Se por um lado todas essas características sugerem uma metapsicologia da melancolia, há neles uma particularidade que não contempla os melancólicos: eles são o que veem e como são vistos. É o outro que sabe deles. Se ao falar são sempre minuciosos na descrição do cenário, é como se assim oferecessem ao interlocutor, com uma precisão quase geométrica, o que querem mostrar, para que não haja nenhum engano, nenhuma dúvida. Aos outros, cabe dizer o que veem neles. Apresentam uma narrativa parnasiana e um realismo melancólico. Uma narrativa sem ambiguidade, sem polissemia.

Referências

Costa, J. F. (1988). Ferenczi e a clínica. *Cadernos de Psicanálise*, *10*(6), 42-52.

Ferenczi, S. (1991a). O conceito de introjeção. In S. Ferenczi, *Obras completas* (A. Cabral, Trad., Vol. 1, pp. 181-183). Martins Fontes. (Trabalho original publicado em 1912).

Ferenczi, S. (1991b). Transferência e introjeção. In S. Ferenczi, *Obras completas* (A. Cabral, Trad., Vol. 1, pp. 77-108). Martins Fontes. (Trabalho original publicado em 1909).

Ferenczi, S. (1992). O desenvolvimento do sentido de realidade e seus estágios. In S. Ferenczi, *Obras completas* (A. Cabral, Trad.,

Vol. 2, pp. 39-54). Martins Fontes. (Trabalho original publicado em 1913).

Freud, S. (1978). Tres ensayos de teoría sexual. In S. Freud, *Obras completas* (J. L. Etcheverry, Trad., Vol. 7, pp. 109-224). Amorrortu. (Trabalho original publicado em 1905).

Freud, S. (1979). La interpretación de los sueños. In S. Freud, *Obras completas* (J. L. Etcheverry, Trad., Vols. 4-5). Amorrortu. (Trabalho original publicado em 1900).

Freud, S. (1984). Introducción del narcisismo. In S. Freud, *Obras completas* (J. L. Etcheverry, Trad., Vol. 14, pp. 65-98). Amorrortu. (Trabalho original publicado em 1914).

Freud, S. (1986). Tótem y tabú. In S. Freud, *Obras completas* (J. L. Etcheverry, Trad., Vol. 13, pp. 1-164). Amorrortu. (Trabalho original publicado em 1912-1913).

Gori, R. & Hoffmann, C. (1999). *La science au risque de la psychanalyse*. Érès.

Pessoa, F. (2007). *Poesia completa de Álvaro de Campos*. Companhia de Bolso.

Pinheiro, T. (1995a). Algumas considerações sobre o narcisismo, as instâncias ideais e a melancolia. *Cadernos de Psicanálise, 12*(15), 20-28.

Pinheiro, T. (1995b). *Ferenczi: do grito à palavra*. Jorge Zahar; UFRJ.

Tagore, R. (s.d.). The beginning. *All Poetry*. https://allpoetry.com/poem/8516501-The-Beginning-by-Rabindranath-Tagore

12. Histeria e falso self: aproximações e diferenças[1]

Este trabalho é a versão atualizada de um artigo publicado em 2004. Apresentamos ali um dos aspectos levantados na pesquisa "Comparação clínica e metapsicológica entre pacientes melancólicos e portadores de lúpus eritematoso sistêmico", realizada entre 2002 e 2008 pelo Núcleo de Estudos em Psicanálise e Clínica da Contemporaneidade, Universidade Federal do Rio de Janeiro (Nepecc-UFRJ), a partir de um acordo entre o Programa de Pós-Graduação em Teoria Psicanalítica (PPTP), o Instituto de Psiquiatria (Ipub) e o Hospital Universitário Clementino Fraga Filho (HUCFF). Essa investigação considerava os impasses da clínica diante das chamadas novas formas de sofrimento psíquico. Casos de depressão, somatização, anorexia, bulimia e fobia, bem como de dependência química, têm sido cada vez mais frequentes. São pacientes que chegam aos consultórios ou às instituições com uma enorme angústia ou ansiedade, cuja causa desconhecem, ou com um quadro clínico de forte depressão.

1 Uma versão anterior foi publicada originalmente em: Herzog, R., & Pacheco-Ferreira, F. (Orgs.). (2014). *De Édipo a Narciso* (pp. 149-160). Cia de Freud.

Assim, nas últimas décadas, temos trabalhado os principais argumentos encontrados na metapsicologia freudiana da melancolia – ambivalência, diferença entre luto e melancolia diante da perda do objeto, clivagem, supereu cruel, identificação narcísica, vergonha, modo de produção fantasmática e forma discursiva do melancólico – e também as noções presentes na teoria ferencziana do trauma – identificação com o agressor, introjeção, confusão de línguas, descrédito, além das descrições clínicas desse autor sobre o que ele chamava de casos difíceis. Esse trabalho teórico foi sempre confrontado com a clínica, o que nos permitiu ampliar o leque nosográfico da melancolia (Herzog et al., 2009; Pinheiro, 1995, 2002; Pinheiro et al., 2010; Pinheiro & Viana, 2011). Procuramos retirar da melancolia o caráter com que geralmente é descrita e pensada – como ausência ou negativa em relação aos parâmetros do modelo da histeria. Pudemos identificar um modelo de subjetivação próprio da melancolia, bastante diferente daquele com que estamos acostumados a trabalhar em psicanálise por meio do modelo da histeria. Assim, nos afastamos das descrições do melancólico como o que não fantasia, o que é esvaziado, o que não soube fazer um luto, o que parece psicótico, mas só fala de castração, o que às vezes parece neurótico, mas não é... Procuramos mostrar que ambivalência, ambiguidade, verdade, castração, ideal do eu e crueldade superegoica são parâmetros para compreender o aparelho psíquico que fazem todo o sentido na histeria e servem de balizadores para entender as neuroses, as perversões e as psicoses, como a esquizofrenia e a paranoia, mas não dão conta da melancolia e das patologias descritas pelos americanos como personalidades narcísicas, denominadas por Winnicott de falso self e por grande parte dos psicanalistas de casos-limite, e que na clínica contemporânea vêm se apresentando em número cada vez maior.

Em virtude desses antecedentes, neste capítulo usaremos o termo *melancolia* não só para nos referirmos ao quadro clássico da melancolia, mas também para nos remetermos às figuras nosológicas dos ditos casos-limite, falsos *selves*, personalidades narcísicas, somatizadores, distímicos, bulímicos, anoréxicos e dependentes químicos.

Muito já se disse sobre como a melancolia se parece com uma neurose – mais especificamente, com a histeria. Também há uma tendência a aproximar a melancolia da psicose. Para nós, tanto uma quanto outra tendência se apoiam em falsas premissas. Na verdade, pensamos estar diante da necessidade de problematizar o modelo da histeria, visto que nos deparamos, na atualidade, com quadros que esse modelo parece insuficiente para explicar, quadros que apresentam dificuldades para o âmbito da clínica, demandando maior precisão conceitual.

Ao contrário da clínica da neurose, em que a ilusão é o tecido sobre o qual trabalhamos, a clínica da melancolia parece nos remeter sempre ao insuportável da castração. Nossa proposta aqui é, no que diz respeito à dimensão ilusória do projeto de *ser uma outra*, considerar o diferencial entre a histeria e as patologias que obedecem ao registro metapsicológico da melancolia, visando contribuir para uma distinção mais nítida entre esses modelos.

Encontramos na histeria, entre outros projetos, o de ser uma outra, o que nesse caso significa estar em outro lugar, idealizar o príncipe encantado, viver no mundo dos salões da corte, que sempre aparenta ser perfeito. Na histeria, o bordado fantasmático parece, na maior parte das vezes, excessivo, barroco demais, com muita renda, muito ponto festonê, muito crivo. É assim que aparece para Dora o mundo maravilhoso da sra. K.; é assim também o mundo sonhado por madame Bovary (Kehl, 1998). O projeto de ser uma outra é, nesse âmbito, muito elaborado e cultivado com carinho. A vida só parece possível se a ilusão ganha todas as cores. Os filmes de Doris Day parecem feitos para as mulheres sonharem que a felicidade é um estado eterno e de preferência "cantante". É claro que, antes disso, elas têm de passar por muito sofrimento, tem de acontecer muito desencontro, mas, passado o susto, tudo acaba bem.

Durante anos, Hollywood vendeu o bordão de que, para as mulheres serem felizes, bastava estarem no lugar certo, na hora certa, com o homem certo. O modelo serve até hoje para qualquer novela ou seriado de sucesso.

A fantasia de ser uma outra está exemplificada na obra freudiana de várias maneiras. Uma delas é esta:

> *Depois que chamei a atenção de uma das minhas pacientes para suas fantasias, ela me contou ter se surpreendido em lágrimas na rua e, ao refletir no mesmo instante sobre o motivo desse pranto, ter conseguido capturar a fantasia que se segue. Em sua imaginação, ligara-se amorosamente a um conhecido pianista de sua cidade (embora não o conhecesse pessoalmente); em seguida fora abandonada, com o filho que tivera com ele (na verdade não tinha filhos), ficando na miséria. Fora nesse momento de sua fantasia que irrompera em lágrimas. (Freud, 1908/1986b, p. 142)*

A fantasia histérica apresenta aí todos os ingredientes necessários para tornar-se uma outra. Ela é a escolhida do grande pianista, alguém que nem conhecia – embora no bordado fantasmático esteja implícito que ele certamente conhecia outras mulheres, e esse dado, na histeria, é de importância fundamental. Na sequência da produção fantasmática, ele se apaixona por ela e a faz, nesse instante, tornar-se uma outra: aquela com quem o pianista, que ela nem conhece, se liga amorosamente. Entre todas as mulheres, é ela a escolhida, e isso por si só já a torna uma outra muito especial. A seguir, o pianista surge sendo, na verdade, um vilão terrível, um falso príncipe encantado – como todos os homens, ou como todas as outras pessoas, no sintoma histérico –, que abandona a mulher grávida sem nenhuma consideração por ela. Temos, portanto, um vilão e uma vítima, personagens cuja identidade de mau e de boazinha ninguém pode pôr em dúvida. A vítima é vítima porque é ingênua. Não podia imaginar que o vilão fosse tão mau – logo ele que parecia tão bom e a quem todos admiravam. Ela é a moça ingênua, quase criança, fácil de ser enganada pelos homens. A continuidade da cena pode ser deduzida pela construção histérica: ele certamente a abandona por outra mulher. O triângulo amoroso está formado, e a disputa dela por um homem será sempre com outra mulher.

Outro exemplo é dado por Freud em *Psicologia das massas e análise do eu*:

> *Suponha-se, por exemplo, que uma das moças de um internato receba de alguém por quem está secretamente enamorada uma carta que lhe desperta ciúmes, e que ela reaja com uma crise de histeria. Então, algumas de suas amigas, conhecedoras do assunto, pegarão a crise, por assim dizer, através de uma infecção mental. O mecanismo é o da identificação baseada na possibilidade ou no desejo de colocar-se na mesma situação. As outras moças também gostariam de ter um caso amoroso secreto e, sob a influência do sentimento de culpa, aceitam também o sofrimento envolvido nele. (1921/1984b, p. 101)*

Ser uma outra envolve sempre algum sofrimento, ou melhor, a estética histérica de ser uma outra pressupõe uma mulher que sofre. O sofrimento aí é o adereço estético imprescindível. O belo do feminino é apresentado como o sofrer por um homem. Assim se faz o laço identificatório das meninas do internato. Experimentar o sofrimento de outra mulher é como tomar posse do saber sobre o que é ser mulher. Os enredos se fazem todos da mesma maneira: um homem cobiçado, uma mulher ingênua e sofredora, um vilão e uma vítima. A felicidade está sempre em outro lugar, outra festa, outra cidade, outra família, com outro marido etc. O bordão poderia ser, sem problemas, este: em algum lugar do planeta há uma mulher mais feliz que eu, e ser essa mulher é ter tudo, é ter toda a felicidade do mundo. Um detalhe fundamental nessa postulação: esse bordão é algo que a histérica sabe que pode ser falso, que está ali só alinhavando um tecido imaginário que ela considera imprescindível para viver; ele lhe dá o sonho de um dia banir todo o sofrimento e ao mesmo tempo garante, no presente, a estética da mulher que sofre por não ter o que ela imagina que outra mulher pode ter.

Entre todos os conceitos freudianos, o de fantasia talvez seja o que mostra melhor e de forma mais sintética a aliança entre o eixo da linguagem e o da sexualidade. Quando Freud anuncia a Fliess que abandonou a sua neurótica (Masson, 1986) e que pode conceber o psiquismo como constituído de representações, ele passa a dar à representação autonomia, voo próprio, concebendo-a como desvinculada de um referente. Não importa se elas são fruto da percepção ou de construção fantasmática – para a realidade psíquica, terão o mesmo valor. Se com essa afirmativa a teoria da sedução, que sustentava a etiologia da histeria (Freud, 1896/1986a), se torna irrelevante, a fantasia, por outro lado, passa a ganhar uma abrangência nunca antes pensada. Em 1914, Freud afirma: "Se os pacientes histéricos remontam seus sintomas a traumas fictícios, então o fato novo que surge é precisamente que eles criam tais cenas na fantasia, e essa realidade psíquica precisa ser levada em conta ao lado da realidade prática" (1914/1984a, p. 17).

A fantasia histérica, que sempre comporta mais de um personagem, procura atingir a ilusão de ter acesso à subjetividade de todos os integrantes da cena fantasmática, conhecendo assim o desejo e a causa do desejo de cada um. O importante é pôr-se no lugar do outro, a fim de saber o que ele quer, sente ou pensa. O aparelho psíquico, como formulado por Freud, é um aparelho capaz de interpretar o objeto e lhe atribuir uma subjetividade semelhante à sua própria. Nessa perspectiva, ele é um aparelho de interpretação, e a articulação da subjetividade como intérprete de outras subjetividades tem por pré-requisito o instrumental da fantasia. Esse é, em linhas gerais, o modelo da histeria, base da primeira tópica freudiana.

Em 1919, no texto "Bate-se numa criança", Freud propõe desmembrar a fantasia em três momentos. No primeiro momento, a fantasia seria de que meu pai está batendo em outra criança porque me ama. No segundo momento, meu pai está me batendo. Se levamos em conta esses dois momentos da fantasia, podemos imaginar o que antecede e o que sucede as cenas, tanto no primeiro quanto no segundo momento. As cenas têm movimento. O enredo que se depreende delas está claramente vinculado à trama edipiana; os personagens são sujeitos que pertencem ao universo de quem elabora a fantasia. O cenário pode ser rico de detalhes; não há dúvida sobre o tecido imaginário que constrói a paisagem em questão. Já no terceiro momento, tudo parece bem diferente. Se não o tomarmos como síntese dos dois momentos anteriores, tal qual Freud propõe, mas como único, talvez encontremos algo bem próximo do modelo fantasmático da melancolia. Nossa proposta é considerar esse terceiro momento isoladamente (Pinheiro, 1997). Nesse caso, ele nada teria a ver com a fantasia histérica. Não está em questão aí interpretar o desejo dos personagens. Não há nenhum movimento, nenhuma causa que anteceda à cena, nenhuma ação futura que se possa deduzir. A imagem é fixa, quase parada. A indeterminação dos personagens e a fixidez da imagem diferem totalmente da fantasia histérica, em que uma elaboração está em curso e uma identificação será o resultado. Se tomarmos esse terceiro momento como base de um modelo fantasmático das patologias narcísicas, encontraremos nele todos os ingredientes presentes na metapsicologia da melancolia e que nos trazem tantas questões na clínica com esses pacientes.

O trabalho de pesquisa com pacientes que chamamos de melancólicos inclui sintomas que vão desde as personalidades narcísicas apontadas pela escola americana até os pacientes traumatizados descritos por Ferenczi, o falso self concebido por Winnicott, abarcando ainda a apropriação que a psicanálise fez da nosologia psiquiátrica dos *borderlines*, casos-limite, melancólicos e somatizadores. No andamento da pesquisa, fomos obrigados a trabalhar o conceito de fantasia em Freud nos seus diferentes aspectos. Ao privilegiar aqui o projeto de ser uma outra, a fim de distinguir o modelo histérico do modelo melancólico, vamos nos calcar sobretudo no atendimento a pacientes com lúpus, que na sua grande maioria parecem apresentar a descrição winnicottiana de falso self.

Ser uma outra no falso self, ou em qualquer patologia que obedeça à gramática da melancolia, é bem diferente do projeto de ser uma outra na histeria. Ser uma outra não é um projeto com os bordados da histeria: é a única forma de ser que se apresentou como possível.

Acreditamos que a teoria ferencziana do trauma, postulada para dar conta do que o autor chamava de casos difíceis, é bastante próxima do paciente falso self apresentado por Winnicott. A noção de progressão traumática da qual Ferenczi fala seria invenção de um "eu" antes que o eu tivesse condições de advir. Nesse sentido, como Abraham e Torok (1978/1995), acreditamos ser perfeitamente possível aproximar a identificação com o agressor em Ferenczi e a sombra do objeto que caiu sobre o eu em Freud. Explicar a identificação com o agressor a partir do conceito de incorporação dá, inclusive, melhor inteligibilidade à noção de que a sombra do objeto caiu sobre o eu. No mesmo sentido, podemos tomar o falso self patológico de Winnicott, figura nosológica quase idêntica ao traumatizado ferencziano, como equivalente à identificação com o agressor e à sombra do objeto. Tais aproximações são possíveis pela equivalência da descrição que os autores fazem da clivagem nesses casos e, como consequência, da artificialidade do eu nesses pacientes. Assim, forjar-se um eu é uma saída possível diante de uma situação-limite para a criança. Inventa-se um eu a partir de uma apropriação mimética do objeto. A identificação narcísica é aqui não uma primeira identificação, que mais tarde será o núcleo das instâncias ideais, como Freud afirmou em 1923; ela é a única possível, e não dará lugar a um eu que seja um precipitado de identificações, como encontramos na neurose. Ser uma outra é a única forma de ser, pois o si mesmo parece ser justamente o que foi perdido.

Sem dúvida, há um projeto estético envolvido nesse modo de ser melancólico. Essa outra que se forja é alguém que quer ser reconhecido como corajoso ao encarar a própria condição humana, é alguém que não se ilude com bobagens como os neuróticos, é alguém que pretende dominar de forma unívoca os conceitos de sinceridade e justiça. Mas o que nos interessa aqui é o que seria esse ser uma outra do falso self. O sentimento de estranheza parece ditar a questão, como se o "ser si mesmo" fosse uma abstração, algo perdido pelo caminho e do qual elas não têm mais lembrança alguma.

Na sua teoria do trauma, Ferenczi afirma que, no momento do descrédito, o traumatizado perde a certeza de si, não confia mais na própria percepção do mundo e dos seus sentimentos (Pinheiro & Viana, 2011). Essa hipótese pode nos ajudar a entender por que o discurso melancólico é tão cheio de certezas, não parece permeado pela dúvida e é tão asséptico nos seus sentimentos. Como se o modelo defensivo de ser uma outra fosse "ser a outra da certeza de si", que jamais foi assaltada pela dúvida. Ser uma outra é ter uma carapaça, algo que a distancia do sentimento de si e que forneceu todos os instrumentos para sobreviver neste mundo. O conceito de clivagem na teoria ferencziana do trauma enriquece a postulação de falso self de Winnicott (Verztman, 2002). Uma das coisas que mais saltam aos olhos no trabalho com essas pacientes é a sensação de que procuraram se equipar como puderam para "sobreviver". Viver é um luxo neurótico. Em face desses pacientes, nos damos conta do quanto o instrumental da ilusão, que parece não disponível para eles, serve confortavelmente aos neuróticos. O que está em falta na melancolia é, entre outras coisas, o conforto proporcionado pela ilusão ao neurótico, o qual, diante da inevitável aceitação da castração, a coloca entre aspas, como transitória, circunstancial, lançando mão das instâncias ideais, que garantirão, graças à ilusão, a construção imaginária de um passado vivido longe da castração e de um futuro em que ela será banida – esta é, pelo menos, a promessa do ideal do eu. Em contrapartida, a vida do melancólico é o aqui e agora. Não há para trás nenhuma figura de Sua Majestade, o bebê. Do passado, pouco se lembram, e o que lembram são imagens soltas que não fazem elo, não constroem uma versão da história de si. O futuro é de novo uma imagem parada, fixa, sem possibilidade de troca. Está longe de ser uma tela branca em que se pode projetar e projetar-se no futuro, o que implicaria a chance de mudar esse futuro, modulá-lo com o passar do tempo. Na maior parte das vezes, projetar-se no futuro parece ser o inimaginável, pois para fazer isso é imprescindível ter ilusão, ter familiaridade com o mundo dos sonhos, sair da concretude do aqui e agora.

O mundo melancólico é parnasiano: as imagens são descritas minuciosamente para que não paire qualquer dúvida ou ambiguidade. O ser uma outra não está ali para forjar a realização do desejo, mas para anestesiar, impedir surpresas e sobressaltos. Ao sofrimento resta como destino de expressão o próprio corpo.

Se parecem indiferentes ao falar dos seus sentimentos, no corpo o sofrimento tem concretude feito as palavras que usam. Nesse sofrimento, não há entrelinhas ou ambiguidades. As articulações doem, a pele apresenta manchas, texturas diferentes, ou o cabelo cai. O corpo, com sua base material palpável, parece o único reduto encontrado para contar uma história.

Poderíamos pensar que a questão da vitimização no discurso das melancolias aponta para a mesma questão do lugar de vítima da histeria. Mas na melancolia isso não faz par com o vilão. Não há vilões. Não há também nenhuma intenção, na relação transferencial, de fazer do analista mero espectador e comprovador de que há sempre um vilão e que o paciente, por sua vez, é a grande vítima. Se o analista é colocado como espectador no trabalho com a melancólica, é para, nessa posição, poder vê-la, atestar sua existência enquanto outra, e quem sabe ser testemunha de um si mesma que foi ali para enfim advir. O analista é chamado para testemunhar que ela faz presença ali – é chamado para, com seu olhar, proporcionar o contorno da imagem corporal da paciente, ajudando-a assim a manter uma imagem de si, que parece sempre tão tênue, tão frágil, pouco capaz de se sustentar no tempo. A melancólica tampouco reivindica para si o lugar de ingênua. Para ela, ser ingênua é quase um defeito de caráter. É vítima porque a condição humana, a realidade brutal da consciência da castração, não permite, segundo ela, outro lugar que não esse. Mas não se pretende a única vítima. Para ela, todas somos vítimas. Na relação transferencial, o analista é testemunha do seu esforço de se resgatar, se constituir narcisicamente, sob o olhar de alguém. Ser uma outra é ser qualquer um – não há individualidade, singularidade. Essa outra é um universal, uma bula para viver, não mais que isso. O que a melancólica busca no espaço analítico é recuperar o si mesma para abrir mão dessa outra.

Referências

Abraham, N. & Torok, M. (1995). *A casca e o núcleo* (M. J. R. F. Coracini, Trad.). Escuta. (Trabalho original publicado em 1978).

Freud, S. (1984a). Contribución a la historia del movimiento psicoanalítico. In S. Freud, *Obras completas* (J. L. Etcheverry, Trad., Vol. 14, pp. 1-64). Amorrortu. (Trabalho original publicado em 1914).

Freud, S. (1984b). Psicología de las masas y análisis del yo. In S. Freud, *Obras completas* (J. L. Etcheverry, Trad., Vol. 18, pp. 63--136). Amorrortu. (Trabalho original publicado em 1921).

Freud, S. (1984c). El yo y el ello. In S. Freud, *Obras completas* (J. L. Etcheverry, Trad., Vol. 19, pp. 1-66). Amorrortu. (Trabalho original publicado em 1923).

Freud, S. (1986a). La etiología de la histeria. In S. Freud, *Obras completas* (J. L. Etcheverry, Trad., Vol. 3, pp. 185-218). Amorrortu. (Trabalho original publicado em 1896).

Freud, S. (1986b). Las fantasías histéricas y su relación con la bisexualidad. In S. Freud, *Obras completas* (J. L. Etcheverry, Trad., Vol. 9, pp. 137-148). Amorrortu. (Trabalho original publicado em 1908).

Freud, S. (1986c). "Pegan a un niño": contribución al conocimiento de la génesis de las perversiones sexuales. In S. Freud, *Obras completas* (J. L. Etcheverry, Trad., Vol. 17, pp. 173-200). Amorrortu. (Trabalho original publicado em 1919).

Herzog, R., Verztman, J. & Pinheiro, T. (2009). Vergonha, culpa, depressão contemporânea e perdão. *Trivium*, *1*, 1-5.

Kehl, M. R. (1998). *Deslocamentos do feminino*. Imago.

Masson, J. M. (Ed.). (1986). *A correspondência completa de Sigmund Freud para Wilhelm Fliess: 1887-1904* (V. Ribeiro, Trad.). Imago.

Pinheiro, T. (1995). Algumas considerações sobre o narcisismo, as instâncias ideais e a melancolia. *Cadernos de Psicanálise, 12*(15), 20-28.

Pinheiro, T. (1997). A castração: do interdito ao desamparo. *Revista Saúde, Sexo e Educação, 12*, 41-44.

Pinheiro, T. (2002). Escuta psicanalítica e novas demandas clínicas: sobre a melancolia na contemporaneidade. *Psychê, 6*(9), 167-176.

Pinheiro, T. (2004). Tornar-se uma outra na histeria e ser uma outra no falso self. *Revista Latinoamericana de Psicopatologia Fundamental, 7*(1), 9-19.

Pinheiro, T., Quintella, R. R. & Verztman, J. (2010). Distinção teórico-clínica entre depressão, luto e melancolia. *Psicologia Clínica, 22*(2), 147-168.

Pinheiro, T. & Viana, D. (2011). Losing the certainty of self. *The American Journal of Psychoanalysis, 71*(4), 352-360.

Verztman, J. S. (2002). O observador do mundo: a noção de clivagem em Ferenczi. *Ágora, 5*(1), 59-78.

13. *Katasztrófák*

Freud e a filogênese

A leitura dos textos de Lamarck apaixona Freud e Ferenczi durante a Primeira Guerra Mundial. Em carta de 17 de janeiro de 1916, Freud menciona Lamarck pela primeira vez a Ferenczi. No volume 2 da correspondência entre eles, Lamarck é mencionado em mais 22 cartas de um ou do outro. O tempo todo é Freud quem traz à baila o tema da filogênese e as ideias de Lamarck; é ele quem incentiva Ferenczi, primeiro propondo um trabalho conjunto e depois deixando a Ferenczi a tarefa de fazê-lo. Sente-se o quanto Freud está encantado com a leitura dos livros de Lamarck e o quanto acredita que a ponte com a filogênese poderá ser importante para a psicanálise. Em 5 de junho de 1917, Freud escreve a Groddeck:

> *Permita-me mostrar que a noção do inconsciente não exige nenhuma extensão para cobrir as suas experiências com doenças orgânicas. No meu ensaio sobre o inconsciente, que o senhor menciona, encontrará uma nota discreta que diz: "Outra prerrogativa importante do inconsciente será mencionada em outro contexto".*

> *Aqui anunciarei, para o senhor, o ponto a que se refere esta nota: a asserção de que o inconsciente exerce em processos somáticos uma influência de força plástica muito maior que a exercida pelo ato consciente. Meu amigo Ferenczi, que está familiarizado com esta ideia, tem um trabalho sobre patoneurose que aguarda publicação no* Internationale Zeitschrift; *aproxima-se muito das suas revelações. O mesmo ponto de vista, além disso, levou-o a fazer para mim uma experiência biológica para mostrar como sendo uma continuação regular da teoria da evolução de Lamarck. (1982, p. 369)*

Em 11 de novembro de 1917, Freud escreve a Abraham:

> *Trata-se de atrair Lamarck para o nosso terreno e mostrar que a necessidade que, segundo ele, cria e transforma os organismos nada mais é que o poder das ideias inconscientes sobre o corpo, cujos vestígios nós vemos na histeria; resumindo, mostrar "a onipotência dos pensamentos". Isso nos forneceria, de fato, uma explicação psicanalítica da adaptação (biológica): seria a porta de entrada da psicanálise. Existiriam dois princípios ligados à mudança progressiva: a adaptação do corpo e a transformação subsequente do mundo externo (autoplasticidade e heteroplasticidade) etc. (1979, pp. 261-262)*

Sulloway acredita que o pensamento evolucionista que mais marcou Freud não foi o darwinismo, mas a teoria lamarckiana da transmissão de características adquiridas. Diz ele:

> *Freud, neolamarckiano fervoroso, ocupava um lugar avançado da falange lamarckiana no campo teórico*

> *pós-darwinista. Ele aprovava inteiramente os esforços psicolamarckianos de pessoas como August Pauly (1850-1914), biólogo alemão que tanto influenciou o grande embriologista Hans Spemann. A tese de pensadores como Pauly era a de que as necessidades fisiológicas internas e os esforços do organismo para satisfazer essas necessidades – e não o princípio da seleção natural – eram os primeiros agentes da evolução. Visto que essas reações de adaptação às necessidades internas eram hereditárias, a evolução poderia ser bem mais direta e rápida que na concepção darwinista. Freud se aferrou de tal maneira a essa concepção que, durante a Primeira Guerra Mundial, julgou estar trazendo para a psicanálise uma contribuição importante à causa psicolamarckiana com a colaboração de Sándor Ferenczi. [...] Ainda que Freud tenha abandonado esse projeto (por razões obscuras), manteve firmemente suas posições psicolamarckianas até o fim da vida, afastando-se dos ataques que se multiplicavam contra o ponto de vista lamarckiano. (1979/1998, p. 261)*

É como se a ideia lamarckiana básica do evolucionismo – a saber, que todo movimento de adaptação se torna depois equipamento hereditário – lançasse nova luz sobre a teoria freudiana da neurose. Freud e Ferenczi tentarão estabelecer um paralelo entre a filogênese de Lamarck e a ontogênese. Assim, eles acreditam fazer uma ponte com a biologia, dando enfim um caráter científico à psicanálise.

Em Freud, as ideias filogenéticas aparecem desde *Totem e tabu* (1912-1913/1986e). No prefácio à terceira edição dos *Três ensaios sobre a teoria sexual* (1905/1978), é surpreendente a sua afirmação de que a ontogênese repete de alguma maneira a filogênese e que, por trás do processo ontogenético, pode-se notar a disposição filogenética. No prefácio em questão, aparece uma das contradições que encontraremos adiante nesse texto freudiano. É um texto que começa demolindo o caráter fixo e predeterminado do objeto na sua relação com o instinto sexual, derrubando com isso a noção de degeneração e perversão proposta pela medicina da época, afirmando que para o ser humano o objeto da sexualidade não é dado pela natureza, mas construído pelo sujeito; é um texto que põe o homem, o ser falante, na contramão da natureza e que para tanto lança mão do conceito de pulsão. Esse prefácio, ao recorrer à filogênese, parece abrir mão de todos os pressupostos teóricos ali contidos.

A filogênese reaparece ao longo da obra freudiana, pretendendo inclusive alguma consistência teórica com a noção de protofantasias, no caso do Homem dos Lobos (Freud, 1918/1986b). A filogênese poderia ainda ser uma forma de aceitar parte das propostas junguianas, como a ideia de inconsciente coletivo, sem abrir mão da sexualidade, atrelando-a à filogênese por meio da visão apresentada por Lamarck do surgimento da reprodução sexuada na emergência dos continentes.

A questão filogenética reaparece de forma disfarçada no texto *O mal-estar na cultura* (1930/1986c), na abordagem do sentimento oceânico. Aparece ainda com todo o vigor num dos últimos textos freudianos, "Análise terminável e interminável" (1937/1986a). Nesse escrito, que em grande parte é uma resposta à queixa de Ferenczi sobre a não interpretação por Freud de sua transferência negativa, o autor tece vários elogios a Ferenczi pela aproximação que fez entre a psicanálise e a filogênese, a famosa bioanálise.

Há alguns anos, pesquisadores descobriram nos arquivos de Freud um manuscrito enviado a Ferenczi sob o título de "Visão geral das neuroses de transferência", publicado no final da década de 1980 e que contém muitas das ideias trabalhadas em *Thalassa:*

ensaio sobre a teoria da genitalidade (Ferenczi, 1924/1993). Fica claro que Freud optou pela versão ferencziana e engavetou seu texto.

Thalassa *ou* Katasztrófák

No último parágrafo do texto "Sándor Ferenczi (em seu 50º aniversário)" (1923/1984a), Freud menciona *Thalassa*, trabalho inédito na época e que ele estimula o autor a publicar. Em 1933, no seu necrológio, Freud dedica um longo parágrafo a *Thalassa*, que segundo ele é a obra-prima de Ferenczi. No mesmo texto, afirma não ser concebível que a história da psicanálise um dia venha a esquecê-lo.

Numa longa carta a Groddeck de 25 de dezembro de 1921, falando sobre sua inibição de escrever, Ferenczi diz que durante os anos de 1915 e 1916, quando estava numa pequena cidade húngara servindo na guerra e sem ter o que fazer, construiu uma grandiosa teoria do desenvolvimento genital como reação dos animais ao perigo da emergência dos continentes no momento de adaptação à vida terrestre. "Contei essa teoria, oralmente, espontaneamente e com frequência, duas vezes a Freud, Rank, Jones, Abraham etc." (Ferenczi & Groddeck, 1982, p. 8).

O atraso na publicação de *Thalassa* incomoda Freud, que escreve o seguinte no último parágrafo do texto em comemoração aos 50 anos de Ferenczi:

> *Os amigos de Ferenczi sabem que ele guardou para si muitas coisas que ainda não decidiu publicar. Na ocasião do seu aniversário de 50 anos, eles unem seus votos para que lhe seja dada disposição de ânimo, vigor e tempo para concretizar seus projetos científicos. (1923/1984a, p. 289)*

Thalassa: ensaio sobre a teoria da genitalidade, publicado em 1924, ganha cinco anos mais tarde, na edição em húngaro, o título de *Katasztrófák*, que se poderia traduzir por "Catástrofes no desenvolvimento do funcionamento genital: um estudo psicanalítico".

O livro apresenta de maneira resumida a filogênese de Lamarck, a concepção desse autor sobre a diferenciação dos sexos após a emergência dos continentes. Ferenczi estabelece um paralelo entre essa teoria filogenética e o desenvolvimento sexual, enfatizando a análise do coito. As catástrofes da evolução da espécie obrigam os animais a se adaptarem, e se repetem na ontogênese e na vida psíquica dos seres humanos.

Para explicar as origens da vida sexual e descrever a dinâmica do funcionamento psíquico do homem e da mulher, Ferenczi faz uso do conhecimento da época em matéria filogenética e cria o que chamou de bioanálise. A catástrofe da emergência dos continentes é o momento primordial, pois é nele que os seres vivos andróginos travam uma luta encarniçada para realizar o acasalamento imposto pelas mudanças do ambiente, dando lugar à existência de dois sexos diferenciados. Segundo Ferenczi, havia necessidade de encontrar uma nova forma de garantir a procriação. Ele fala de uma luta de todos contra todos. No curso dessa luta, o macho, vencedor, consegue penetrar o corpo do outro, a fêmea, e ali escavar um canal. Esse primeiro acasalamento é objeto da descrição de uma batalha sem tréguas, uma verdadeira guerra.

As catástrofes que determinam a evolução da espécie, sobretudo a catástrofe da emergência dos continentes, estariam relacionadas ao desenvolvimento psíquico do ser humano. Estabelecer essa relação, ou seja, uma ontogênese que nada mais faz do que repetir o desenvolvimento filogenético, equivale a dizer que todo desenvolvimento é uma repetição, sendo cada conquista na verdade repetição de uma catástrofe já ultrapassada. Essa relação é feita junto com Freud.[1] Os dois, encantados pela teoria filogenética de Lamarck, resolvem relacionar as cinco catástrofes da Terra com as catástrofes do ser humano. Assim, a catástrofe 1 corresponde ao aparecimento da vida orgânica, e na ontogenia e periginia, à maturação das células sexuais. A catástrofe 2 corresponde ao aparecimento de organismos unicelulares individuais, e na ontogenia e periginia, ao nascimento das células germinais maduras nas gônadas. A catástrofe 3 corresponde ao início da reprodução sexuada e ao desenvolvimento da vida marinha, e na ontogenia e periginia, à fecundação e desenvolvimento do embrião no útero materno. A catástrofe 4 corresponde à secagem do oceano ou emergência dos continentes, o que obrigou a adaptação à vida terrestre, e na ontogenia e periginia, ao nascimento. A catástrofe 5 corresponde à era glacial e à hominização progressiva, e na ontogenia e periginia, ao período de latência.

Sulloway comenta *Thalassa*:

> *Ferenczi destaca cinco grandes eventos catastróficos que ele acreditava fielmente recapitulados pela vida sexual do homem atual. Ele situava essas recapitulações não somente na ontogênese, mas também no que ele chamava de perigênese, ou seja, no desenvolvimento biológico que diz respeito à proteção e ao crescimento do embrião. O grande biogeneticista Ernst Haeckel tinha considerado que essas inovações placentárias tão precisas eram independentes da recapitulação, e até mesmo impediam que se levasse em conta a vida embrionária para verificar essa lei. Ferenczi, por sua vez, declarou que essas*

1 Como indicado antes, no manuscrito de 1915 "Visão geral das neuroses de transferência", Freud relaciona a ontogênese e a filogênese de Lamarck, como faz Ferenczi em *Thalassa*.

> *aquisições eram reedições, por conta das células germinais do primeiro meio ambiente pré-terrestre da vida.*
>
> *Enquanto as células sexuais começam a se desenvolver, elas recapitulam, segundo o grande esquema de Ferenczi, a origem da vida sexual sobre a terra (catástrofe 1). Com a expulsão das células sexuais para fora das gônadas, a evolução dos primeiros organismos unicelulares se repete (catástrofe 2). A fertilização coincide com o início primitivo da multiplicação sexual das criaturas unicelulares, e o crescimento ulterior do embrião fertilizado no útero úmido da mãe representa a evolução da vida marinha complexa (catástrofe 3 com sua subdivisão). Com o nascimento (ou seja, com a adaptação à vida terrestre) e a emergência progressiva, após o nascimento, do estágio fálico (ou seja, órgãos de copulação especializados), o quarto estágio de Ferenczi é atingido. Enfim, a latência (precipitado ontogênico da época glacial) vem completar o cenário "bioanalítico". (1979/1998, p. 365)*

Esse quadro da história do ser vivo sobre a Terra, associado ao desenvolvimento psíquico do homem atual, retoma, de um lado, a ideia do ser andrógino que, em 1920, Freud discute em *Além do princípio do prazer*, recorrendo ao mito de Aristófanes em *O banquete*, de Platão, e, de outro, a relação entre a ontogênese e a filogênese que permite a Ferenczi explicar o caráter da repetição no nível da psique e, portanto, a importância da regressão no interior dela. Essas catástrofes transmitidas biologicamente teriam marcado de forma indelével o psiquismo humano.

Thalassa será o livro de Ferenczi responsável pela reunião entre a filogênese e a sexualidade. É no coito que se sustenta toda a descrição do homem e da mulher feita por Ferenczi em 1924. O coito seria não apenas a prática sexual do estágio genital, mas também, e principalmente, um modo de repetir a batalha travada no momento da emergência dos continentes. Esse trauma teria necessidade de ser repetido para ter um final mais feliz. Segundo Ferenczi, o coito, expressão da sexualidade genital, reúne um universo complexo de símbolos e traumas, assim como as características das pulsões parciais.

Comecemos por explicar esse último aspecto, a reunião das pulsões. De acordo com Ferenczi, a genitalidade é o agrupamento de pulsões que existiram de forma isolada antes de seu advento. O fenômeno da reunião de pulsões orais, anais e uretrais, ele chamou de anfimixia. A genitalidade reagrupa de maneira regressiva as pulsões parciais.

Mas o coito é também a repetição cujo objetivo é liquidar os traumas devidos às sucessivas catástrofes, desde o traumatismo do nascimento, catástrofe individual, até a catástrofe da emergência dos continentes, que obrigou ao acasalamento. Essas últimas observações encontram sentido na explicação segundo a qual o orgasmo seria o reencontro da existência tranquila num meio mais acolhedor (meio aquático), da quietude intrauterina, da quietude que precedia a aparição da vida, da quietude morta da existência inorgânica.

O coito tem a capacidade de sintetizar ou reunir todas as pulsões sexuais, de condensar por suas repetições todas as catástrofes que vão da aparição da vida ao nascimento do sujeito.

A mulher seria detentora desse meio aquático, que é o símbolo do oceano perdido, assim como do meio líquido da vida intrauterina. É, ao mesmo tempo, o mar de outrora e a mãe que tem no ventre a criança que deve passar pelo trauma do nascimento. Uma mãe thalássica, um nirvana perdido que traz o mar dentro de si.

Ferenczi diz que, durante o coito, o homem regride até tornar-se um feto no ventre da mãe, encontrando ali o meio líquido que o engolfa. Imerge de novo no meio aquático, no oceano anterior ao advento dos continentes. A mulher, por sua vez, durante o coito, se identifica com o homem que tem o pênis e pode, na penetração, encontrar também o útero materno e o oceano perdido. Além disso, ganha a esperança de ter um filho.

Mas sem dúvida o mais importante do texto é a teoria dos símbolos proposta e a possibilidade de deduzir uma teoria do simbólico. Ferenczi acredita que durante o coito o eu "se corporifica", se pudermos falar assim, no pênis. Este se torna então representante do sujeito. Tal representante, durante a penetração, reviveria a luta das cloacas proposta por Lamarck e, ao encontrar o ambiente úmido da mulher, recuperaria a paz fetal do útero materno e o oceano perdido com a emergência dos continentes.

A questão simbólica é trabalhada por Ferenczi desde o começo de sua obra (Pinheiro, 1995). A primeira postulação do processo de simbolização surge com o conceito de introjeção em 1909. Em 1913, em "O desenvolvimento do sentido de realidade e seus estágios", Ferenczi se debruça mais detidamente sobre o processo de simbolização ao tentar sintetizar a noção de acesso à linguagem. A onipotência aparece, então, como a melhor e maior defesa diante da castração, e o desejo, como sofrimento terrível, pois é o atestado de que a castração foi vislumbrada, de perto ou de longe. Nesse texto, Ferenczi apresenta o ser humano como montado na onipotência do chefe da horda primitiva de *Totem e tabu* (Freud, 1912-1913/1986e). O longo caminho entre o autoerotismo e a linguagem verbal será percorrido aos trancos, segundo Ferenczi, de forma violenta. É também porque o mundo se amplia e o desejo se impõe que a onipotência vai fracassando. Não basta mais só desejar para que as coisas aconteçam, depois não basta só apontar para receber o desejado – há um risco de vir a coisa errada. É imperioso falar, recurso último e o mais sofisticado diante do desejo que não se acalma nunca.

Em 1924, em *Thalassa*, a noção de simbólico se sofistica ainda mais – a mulher é símbolo da mãe, que por sua vez é símbolo do mar de antigamente. Esse texto de Ferenczi é o esforço de conciliar a filogênese de Lamarck, tão cara a esses dois pioneiros da psicanálise, com a teoria do desenvolvimento do aparelho psíquico. O meio aquático de antes da emergência dos continentes funciona como ideia de plenitude perdida, de um tempo em que não havia desejo, nada havia a desejar. A filogênese lamarckiana cai como uma luva na trajetória ferencziana, funciona como apoio mítico, pois a plenitude é colocada num passado anterior ao surgimento do ser humano. Só tem existência, portanto, na linguagem. Nesse sentido, se para Ferenczi a plenitude perdida deveria ter um referencial, esse referencial era encontrável na concepção mítica de Lamarck.

Podemos pensar também o quanto as ideias desenvolvidas por Ferenczi – por meio da filogênese de Lamarck – não são, para Freud, uma forma de sustentação teórica da experiência original de satisfação, provindo daí o interesse do pai da psicanálise pela proposta ferencziana da bioanálise, que une filogênese, sexualidade, experiência original de satisfação e linguagem.

A felicidade de antes da diferenciação dos sexos é incessantemente procurada, mas encontrada apenas parcialmente. O símbolo em Ferenczi, como indica Nicolas Abraham (1978/1995), tem a configuração de uma nova determinação, mais feliz (já que nega a perda do mar), de termos que antes eram incompatíveis e que são submetidos a uma *in-determinação* capaz de harmonizá-los. Essa in-determinação é a própria ambiguidade, a sobredeterminação postulada por Freud, a polissemia que nos permite transitar melhor pela dura tarefa de viver. Assim, o sistema inconsciente sai do papel de vilão que ocupou no início da construção teórica da psicanálise. De algo somente capaz de produzir sintomas incômodos, de gueto do recalcado nefasto, pois deixava o ser humano cego e escravo de um si mesmo desconhecido, ele ganha aqui um novo lugar, o de generoso artesão de uma palavra que só aparentemente consegue ser unívoca e, com isso, funciona como dispositivo confortável diante da privação da onipotência e do sofrimento do desejo.

Na teoria ferencziana da genitalidade, a umidade da mulher durante o coito é símbolo, para o homem, do útero materno perdido, e este, por sua vez, é símbolo do mar anterior à emergência dos continentes, e não o contrário. Não é o mar – Thalassa – que simboliza a mãe ou a mulher, e sim a mãe que é porta-voz ou portadora do mar de outrora ou, se quisermos, da plenitude perdida. A repetição nesse caso obedece ao princípio do prazer, já que é uma repetição da busca de uma plenitude que, na verdade, jamais existiu. O que Ferenczi acrescenta de fundamental nesse texto é a exigência de uma negação ou, como ele preferiu chamar, de uma alucinação negativa que produz o gozo e a possibilidade simbólica. Podemos pensar na plenitude oceânica perdida como um significante primeiro, de fato inexistente, mas com referente imaginário do antes da catástrofe da emergência dos continentes.

Podemos dizer que é a postulação da alucinação negativa que permite uma re-determinação do sentido do que era antes incompatível, compatibilizando o que antes estava desarmônico. E que é ela também que vem articular a pulsão de morte presente no gozo. Segundo Ferenczi, gozar é reencontrar a paz do oceano perdido, anterior à vida sobre a terra; é sentir-se um vencedor, e não o perdedor do oceano de antigamente.

Outra grande proposta de Ferenczi nesse texto é a noção de primeira clivagem do eu. O desmame provocaria no bebê a necessidade de incluir a mãe na esfera do eu. Nasce assim, para Ferenczi, a possibilidade do surgimento de uma clivagem que permite a conversa consigo mesmo – do surgimento da interioridade e de um embrião do que será chamado de consciência moral.

É em *Thalassa* que Ferenczi propõe o conceito de anfimixia. A ideia é que a genitalidade nada mais seria que a reunião das pulsões parciais orquestradas com maestria. Nessa concepção, são as pulsões parciais que ganham destaque e importância, e cabe à genitalidade a mera função de maestrina e organizadora.

Thalassa tem 100 anos! A opção pelo estudo de Lamarck, que encantou Freud e Ferenczi, mostra que mais uma vez o criador da psicanálise errou na escolha de teórico da filogênese, desprezando Darwin. No entanto, mostra também que mais uma vez ele apostou no que viu e acertou no que não viu.

Lamentavelmente, revela ainda resquícios do pensamento machista que Ferenczi tanto criticou em 1908, ao aceitar como óbvio o raciocínio lamarckiano de que, no surgimento da diferenciação sexual, o macho que penetra é o vencedor da batalha e a fêmea é a perdedora penetrada.

Por outro lado, *Thalassa* tem várias preciosidades teóricas: a ideia de uma primeira clivagem do eu, com a inclusão do adulto na esfera do eu; a originalidade do conceito de anfimixia, que suprime qualquer vestígio de pensamento positivista ao desbancar a noção de pulsão parcial como primitiva ou inferior à pulsão genital; e por fim uma genial e inovadora compreensão de símbolo.

Referências

Abraham, N. (1995). O símbolo ou o além do fenômeno. In N. Abraham & M. Torok, *A casca e o núcleo* (M. J. R. F. Coracini, Trad., pp. 29-73). Escuta. (Trabalho original publicado em 1978).

Ferenczi, S. (1989). Transferência e introjeção. In S. Ferenczi, *Escritos psicanalíticos: 1909-1933* (J. Bastos & A. Telles, Trads., pp. 29-60). Taurus. (Trabalho original publicado em 1909).

Ferenczi, S. (1992). O desenvolvimento do sentido de realidade e seus estágios. In S. Ferenczi, *Obras completas* (A. Cabral, Trad., Vol. 2, pp. 39-53). Martins Fontes. (Trabalho original publicado em 1913).

Ferenczi, S. (1993). Thalassa: ensaio sobre a teoria da genitalidade. In S. Ferenczi, *Obras completas* (A. Cabral, Trad., Vol. 3, pp. 255-325). Martins Fontes. (Trabalho original publicado em 1924).

Ferenczi, S. & Groddeck, G. (1982). *Correspondance: 1921-1933*. Payot.

Freud, S. (1978). Tres ensayos de teoría sexual. In S. Freud, *Obras completas* (J. L. Etcheverry, Trad., Vol. 7, pp. 109-224). Amorrortu. (Trabalho original publicado em 1905).

Freud, S. (1979). *Correspondance: 1873-1939*. Gallimard.

Freud, S. (1982). *Correspondência de amor e outras cartas* (A. S. Santos, Trad.). Nova Fronteira.

Freud, S. (1984a). Doctor Sándor Ferenczi (en su 50º cumpleaños). In S. Freud, *Obras completas* (J. L. Etcheverry, Trad., Vol. 19, pp. 287-289). Amorrortu. (Trabalho original publicado em 1923).

Freud, S. (1984b). Más allá del principio de placer. In S. Freud, *Obras completas* (J. L. Etcheverry, Trad., Vol. 18, pp. 1-62). Amorrortu. (Trabalho original publicado em 1920).

Freud, S. (1985). *Vue d'ensemble des névroses de transfert* (P. Lacoste, Trad.). Gallimard.

Freud, S. (1986a). Análisis terminable e interminable. In S. Freud, *Obras completas* (J. L. Etcheverry, Trad., Vol. 23, pp. 211-254). Amorrortu. (Trabalho original publicado em 1937).

Freud, S. (1986b). De la historia de una neurosis infantil. In S. Freud, *Obras completas* (J. L. Etcheverry, Trad., Vol. 17, pp. 1-112). Amorrortu. (Trabalho original publicado em 1918).

Freud, S. (1986c). El malestar en la cultura. In S. Freud, *Obras completas* (J. L. Etcheverry, Trad., Vol. 21, pp. 57-140). Amorrortu. (Trabalho original publicado em 1930).

Freud, S. (1986d). Sándor Ferenczi. In S. Freud, *Obras completas* (J. L. Etcheverry, Trad., Vol. 22, pp. 226-228). Amorrortu. (Trabalho original publicado em 1933).

Freud, S. (1986e). Tótem y tabú. In S. Freud, *Obras completas* (J. L. Etcheverry, Trad., Vol. 13, pp. 1-164). Amorrortu. (Trabalho original publicado em 1912-1913).

Pinheiro, T. (1995). *Ferenczi: do grito à palavra*. Jorge Zahar; UFRJ.

Sulloway, F. (1998). *Freud, biologiste de l'esprit* (J. Lelaidier, Trad.). Fayard. (Trabalho original publicado em 1979).

14. Mundo interno, humilhação e ternura (à guisa de epílogo)

Não é possível pensar o mundo ocidental da atualidade sem levar em conta o modelo socioeconômico neoliberal, que tem como uma das características principais abandonar a ideia da responsabilidade do Estado pelo bem-estar social dos cidadãos. Nele os cidadãos são tratados como empresas e, assim, tornam-se empresários de si, passando a ser como mercadoria para o Estado e para si próprios. Acrescenta-se a isso a relação imediatista com o tempo, oriunda do desenvolvimento tecnológico dos meios de comunicação.

Diferentes autores se ocuparam do tema: o mundo do espetáculo (Debord, 1967/2007), a cultura do narcisismo (Bauman, 2006/2021; Lasch, 1979/1983; Sennett, 1977/1988, 1998/1999), da *performance* (Ehrenberg, 2000), da meritocracia e das novas políticas de sofrimento (Safatle, Silva Junior & Dunker, 2021).

Todos esses ingredientes levam a dispensar o exercício de interioridade. A singularidade fica circunscrita à imagem corporal, às tatuagens, aos bens que a vinheta publicitária promete como acesso à felicidade e apresenta como a forma subjetiva de estar no mundo. Os sujeitos são reduzidos a uma imagem que pode, aos olhos dos outros, definir quem ele é. Isso leva a supor que saímos da era de Sua Majestade, o bebê para a de Sua Majestade, o dinheiro.

Este livro contém alguns dos artigos frutos das pesquisas realizadas sobre a clínica contemporânea. Ao longo desses anos, trabalhei as questões metapsicológicas buscando compreender "as novas subjetividades". Essa revisão bibliográfica apontava para a distinção em relação aos conceitos que fundaram o pensamento freudiano no início do século XX, em que a prevalência dos casos de sofrimento estava em grande parte circunscrita às neuroses de transferência. Procurei mostrar de que forma, no mundo contemporâneo, conceitos como identificação histérica, imaginário, fantasias, relação com o tempo e a linguagem se apresentavam de maneira inteiramente distinta daquela do mundo romântico e iluminista da Viena de Freud. Foi possível ver como as instâncias ideais tiveram sua importância invertida. No mundo narcísico, o eu ideal parece ocupar o lugar do ideal do eu. Essa inversão afeta diretamente a relação do sujeito com o tempo na sua dimensão de continuidade. O tempo passa a ser uma coleção de fatos sucessivos que não encontram elo entre si. A continuidade do tempo, as dimensões de passado, presente e futuro parecem se restringir ao instantâneo do presente como o espaço temporal que esses sujeitos podem trilhar, impedindo-se de certa maneira que se historicizem. No que diz respeito à ilusão, ela – que era fundamental na construção fantasmática – também vai dar lugar a uma fantasia parada no tempo, uma cena estática, tal qual o eu ideal. Dessa maneira, o sujeito deixa de ter consigo mesmo uma relação em que ele é capaz de produzir algo interno que venha a acudi-lo. Os dispositivos da sublimação, do sonho, da espera, da construção parecem se evaporar, dando lugar a uma idealização, e esse ideal vem de fora, sem que consiga ganhar um estatuto interno. No cenário atual, a música de Roberto Ribeiro (1978) parece pertencer a outra episteme:

Todo menino é um rei
Eu também já fui rei
Mas quá!
Despertei
Por cima do mar (Da ilusão)
Eu naveguei (Só em vão)
Não encontrei
O amor que eu sonhei
Nos meus tempos de menino
Porém menino sonha demais
Menino sonha com coisas
Que a gente cresce e não vê jamais

Encontramos nesses versos o rei de Sua Majestade, o bebê, o adulto que perdeu o seu reinado, o sonho e a ilusão da infância – tecido fundamental para a constituição do eu e do ideal do eu, para que esse último ganhe uma linguagem banhada pelo simbólico, que lhe permita deslizar entre os diferentes sentidos; condição da polissemia própria do humano enquanto intérprete do mundo e de si mesmo.

A obra de Ferenczi permitiu uma aproximação entre os quadros narcísicos e o melancólico. A questão do objeto perdido na melancolia é totalmente diversa. Falta ao melancólico justamente essa dimensão de objeto que põe o sujeito como assujeitado à ordem simbólica. Para esse objeto ser um objeto construído pela linguagem, peça essencial do processo identificatório do modelo histérico, o sujeito deve se colocar necessariamente como intérprete do objeto, intérprete do desejo do outro.

O conceito de objeto perdido está intimamente ligado ao de identificação, pouco importa de que identificação estejamos falando. A pulsão, por sua vez, está sempre vinculada a um objeto, o qual remete quase sempre ao conceito de identificação. Não é possível conceber a identificação sem um objeto. Ambos estão intimamente relacionados. Mas ao falar de identificação temos que assinalar pelo menos duas acepções diferentes: a que segue o modelo histérico, e a que Freud chamou de narcísica ou melancólica. Essa diferença metapsicológica das duas formas de identificação é peça-chave para compreender a metapsicologia da melancolia.

O conceito de identificação, como vimos em capítulos anteriores, tinha por modelo a construção metapsicológica da histeria, calcada na concepção de fantasia histérica. O próprio modo de funcionamento libidinal do aparato psíquico – seja no que se refere à produção fantasmática da histérica, seja na concepção de identificação atrelada à transferência, seja na identificação apontada na interpretação dos sonhos ou no chiste – era concebido nesse modelo. O que parecia evidente então era que o conceito de identificação constituía-se como a própria explicitação do modo de funcionamento do aparelho psíquico, obedecendo à norma principal do narcisismo de tornar semelhantes as diferenças. Narcisismo e eu tornam-se quase a mesma coisa, pois a função do narcisismo é metabolizar as estranhezas, transformando tudo em semelhanças. Narcisismo, libido e eu parecem um trio inseparável. O que permanece como estranho, avesso à pasteurização narcísica, é tido como hostil, feio, ruim. O que é bom, bonito e agradável passou pela peneira narcísica da familiaridade. Assim, as inscrições psíquicas teriam por possibilidade a circulação libidinal, sob a égide do princípio do prazer, balizada pelo narcisismo, em que o processo de identificação é a própria condição. Nesse sentido, o processo de identificação é a marca registrada do efeito narcísico egoico que transforma o diferente e o estranho em igual e semelhante, quer atribuindo ao estranho e diferente qualidades de semelhança, quer tornando o próprio eu semelhante ao objeto, por meio do processo de identificação.

A possibilidade de abandono do objeto na identificação histérica parece ser a marca de toda a diferença entre os processos identificatórios da histeria e da melancolia. Na histeria, o objeto exerce a sua função de se pretender reencontrado, e será, portanto, sempre faltoso, falho, parcial, substituível, visando uma complementaridade impossível. O sujeito está inserido no universo da castração, do ser faltante, em que o alvo da libido sobre o objeto será partilhado, pela comunidade, como algo da ordem do amor. Na melancolia, por outro lado, esse objeto parece ter uma função inteiramente distinta. Nela a perda foi excluída, negada, foracluída. Há que se manter o objeto a qualquer preço, mesmo que o preço a pagar seja tão caro. O objeto permanece como totalidade, sem fendas, sem falhas, fixo, o que implica que ele não é construído, nem pode ser experimentado como faltoso.

Segundo Freud, a identificação melancólica, ao contrário da identificação histérica, feita por traços, é a sombra do objeto que caiu sobre o eu:

> *Portanto não há dificuldade alguma em reconstruir este processo. Houve uma escolha de objeto, uma ligação da libido a uma pessoa determinada; graças à influência de uma ofensa real ou decepção por parte da pessoa amada, esta relação de objeto ficou abalada. O resultado não foi o normal, uma retirada da libido deste objeto e o seu deslocamento para um novo, mas foi outro, que parece requerer várias condições para sua consecução. O investimento de objeto provou ser pouco resistente, foi suspenso, mas a libido livre não se deslocou para um outro objeto, e sim se retirou para o ego. Lá contudo ela não encontrou um uso qualquer, mas serviu para*

> *produzir uma identificação do ego com o objeto abandonado. Deste modo, a sombra do objeto caiu sobre o ego, que então pôde ser julgado por uma determinada instância, como um objeto, como o objeto abandonado. Deste modo a perda do objeto se transformou em perda do ego e o conflito entre o ego e a pessoa amada em uma bipartição entre a crítica do ego e o ego modificado pela identificação.* (1917/1992, p. 135)

Nesse caso, é como se a identificação trouxesse o objeto na sua totalidade, como cópia fiel, um decalque, uma reprodução mimética. Na ausência da dialética identificatória feita por traços, como a que acontece na histeria, em que o objeto é sempre interpretado e é dessa interpretação que se elege o traço identificatório, na melancolia o objeto torna-se, por assim dizer, um posseiro que ocupa o espaço egoico num projeto mimético ou metonímico levado ao extremo – como se a identificação perdesse a própria possibilidade de se apropriar do objeto subjetivamente, e só pudesse fazê-lo "objetivamente". Ora, a eleição de um traço do objeto como elemento de identificação, na histeria, e a ocupação do objeto na sua totalidade, na melancolia, nos levam a pensar necessariamente nos dois mecanismos de funcionamento do sistema inconsciente: condensação e deslocamento – o primeiro como próprio da histeria, e o segundo como próprio da identificação melancólica. Freud reconheceu que o conceito de identificação é inteiramente diferente na histeria e na melancolia:

> *Também nas neuroses de transferência as identificações com o objeto não são de modo algum raras e constituem até mesmo um conhecido mecanismo da formação de sintomas, em especial na histeria. Mas podemos diferenciar a identificação narcísica da histérica pelo fato de que na primeira se abandona o investimento de*

> *objeto, ao passo que na segunda ele persiste e exterioriza um efeito que habitualmente se limita a certas ações e inervações isoladas. De qualquer modo, também nas neuroses de transferência a identificação é expressão de algo comum, que pode significar amor. (p. 136)*

O pressuposto de Freud é que a identificação melancólica tem por objetivo a manutenção do objeto perdido. Se no luto a perda é datada, falada e explícita, na melancolia algo se perdeu, mas não se sabe o que é. De uma coisa, porém, se pode ter certeza: foi perdida a própria possibilidade da subjetividade de se constituir dialeticamente. Cabe à identificação melancólica manter esse objeto, nem que seja às custas do próprio eu. É impossível não estabelecer aqui uma relação com o conceito de *das Ding.* A ideia de objeto perdido da neurose parece clara e óbvia, ao passo que na melancolia o sujeito parece pretender não só atestar a existência de *das Ding* como designá-la como único objeto de investimento. Para o melancólico, a Coisa foi perdida não por reconhecimento de que ela era pura miragem, inexistente, indizível. A Coisa, essa totalidade tida como perdida na neurose, mas da qual o sujeito reconhece de algum modo sua não existência. Ele lamenta a perda do que nunca teve e elege objetos para substituí-la. Para o melancólico, a noção de perda está presente na sua concretude mais absurda: trata-se da perda de algo em cuja existência ele crê, e o trágico é que de fato ele perdeu.

A relação de certos pacientes com o tempo e com o próprio corpo (a questão da imagem corporal) e a forma narrativa que empregam são pontos fundamentais, que parecem próprios do que chamamos de subjetividades contemporâneas. Se o século XIX e parte do século XX foram marcados por uma prevalência das neuroses de transferência, a clínica atual traz a marca de ordenações depressivas muitas vezes semelhantes à melancolia.

O mundo interno em tempos narcísicos

A ideia de interioridade pressupõe a possibilidade de produzir a ilusão como pano de fundo em que o sujeito pode se construir para fazer frente ao recalque. De alguma maneira, permite burlar o recalque com a ilusão e com a fantasia. Em vários momentos da obra freudiana, é possível observar que o recalque é aceito temporariamente. Essa aceitação acontece sob condições: eu aceito desde que possa fantasiar que ele não existe; eu aceito desde que possa imaginar que um dia vou me ver livre dele, mesmo que isso não aconteça. Dessa forma, o recalque é colocado entre parênteses. A aceitação tem um contraponto, o qual impõe a noção de interioridade.

Ainda que a pretensão de Freud tenha sido, a partir da histeria, apresentar uma concepção generalizada do funcionamento e da dinâmica do aparato psíquico, verificamos que tanto a melancolia quanto o caso-limite, a personalidade narcísica, o grande somatizador e a adicção são ordenações psíquicas difíceis de enquadrar nesse modelo. Em contrapartida, com a noção de identificação narcísica, o terceiro momento da fantasia apresentada no texto "Bate-se numa criança" (Freud, 1919/1986) e os conceitos de pulsão de morte, narcisismo e recusa do feminino, foi possível esboçar uma metapsicologia condizente com a metapsicologia da melancolia.

Se tomarmos a terceira formulação da fantasia de que uma criança é espancada, esse terceiro momento nada tem a ver com a fantasia histérica. Nessa formulação, a questão não é interpretar o desejo dos personagens. Além disso, não encontramos nenhum movimento nela, não há uma causa que anteceda a cena e nenhuma ação futura que se possa deduzir. A imagem é fixa, quase parada. A indeterminação dos personagens de "Bate-se numa criança" e a fixidez da imagem diferem totalmente da fantasia histérica, em que uma elaboração está em curso, tendo como resultado uma identificação.

Freud concebe o aparelho psíquico com base em alguns pressupostos. Esse aparelho é regido pelo princípio do prazer, que visa a descarga exigida pela pulsão. Muitas vezes, tal exigência vai na contramão das exigências da cultura, que precisa de regras para manter os indivíduos vivos e capazes de viver em sociedade, já que somos seres gregários. Portanto, é necessário que, no aparelho psíquico, haja representantes das interdições da cultura. Na primeira tópica, esses representantes são o recalque e a consciência moral; na segunda tópica, surge como instância o supereu. Esses dispositivos funcionarão como freio pulsional.

A história do sujeito freudiano é a história de todas as repressões sofridas por esse sujeito. A fantasia aparece como forma de lidar com o recalque. A ilusão é o ingrediente fundamental da construção fantasmática, o acerto necessário para suportar a castração. Outro elemento que vem em socorro do sujeito seriam as instâncias ideais: o eu ideal como imagem parada e perfeita de Sua Majestade, o bebê, imagem que evoca o sujeito antes da inscrição da castração, e o ideal do eu do sujeito já castrado, mas que no futuro voltará a ser completo. Uma imagem em permanente movimento e que permite várias substituições ao longo do tempo. O ideal do eu obriga o sujeito a se representar no futuro.

É importante compreender como se constitui essa interioridade. Em *Thalassa* (1924/1993), Ferenczi concebe a primeira clivagem como a inclusão do adulto no eu. Assim se daria a primeira forma de interioridade. Esse adulto teria como função proteger a criança desamparada. Nasce, desse modo, a primeira conversa interna. Freud já tinha apresentado a noção de instância moral. Seria outra forma de conversa interna, dessa vez como inclusão no eu da ética e das exigências da cultura.

Sem essa conversa interna, não existe negociação interna. Esse tem sido um fenômeno verificado na clínica atual. Alguns fatores são necessários para a conversa interna: a ilusão, matéria-prima da fantasia histérica; uma relação com o tempo que tenha continuidade e não seja feita da sucessão de fatos que aparentemente não se relacionam entre si; e uma relação com a linguagem que possa circular pela dúvida, pelos paradoxos e pelas ambiguidades.

Um mundo de imagens paradas que se pretendem prolixas, de palavras unívocas incapazes de preencher um mundo interno. Nesse caso, o sujeito se torna refém de um outro que dirá quem ele é. Será o outro que saberá quem o sujeito é, e esse saber será peremptório, sem negociação. Adeus, consciência moral! Adeus, interdito interno! Bem-vindos ao mundo da completa solidão e do total desamparo interno. Um universo unívoco, sem dúvidas, e uma busca desesperada pelo pertencimento.

A humilhação perdeu a vergonha?

Podemos tomar a humilhação, na maioria das vezes, como sendo da ordem do trauma, tal qual postulado por Ferenczi. Portanto, o trauma da humilhação não tem vínculo com o recalque. O fenômeno da humilhação é sem dúvida uma forma de abuso moral. Explorei esse tema no artigo "A violência e o abuso moral" (2024). Nele, a noção de violência está calcada no conceito de violência desenvolvido por Costa (2021).

A Lei Maria da Penha (2006) define o abuso moral como violência psicológica que visa diminuir a autoestima, ou que prejudica e perturba comportamentos, crenças e decisões, mediante ameaça, constrangimento, humilhação, manipulação, isolamento, vigilância constante, perseguição contumaz, insulto, chantagem, ridicularização, exploração, limitação do direito de ir e vir ou qualquer outro meio que cause prejuízo à saúde psicológica e à autodeterminação. Essa violência é empregada de forma sistemática.

A humilhação, de maneira geral, não acontece só quando endereçada às mulheres e cabe perfeitamente na descrição apresentada.

Ela é o exercício do poder e do controle por meio da desqualificação. Mas não uma desqualificação qualquer.

Para Ferenczi, o que é decisivo no trauma patológico é o descrédito, que impede a introjeção. Para esse descrédito ter o poder de ser traumático, ele precisa ser uma afirmação não permeada pela dúvida, que desconsidera a fala do interlocutor e que não tem nenhum compromisso com o dado de realidade.

Em "Análise de crianças com adultos" (1931/1989a), Ferenczi ressalta que, se a pessoa que desacredita tiver alguma dúvida, e deixar essa dúvida transparecer na fala, isso retiraria todo o poder traumático da afirmação. Eliane Brum (2018), num artigo sobre a autoverdade, diz que esta é uma autoproclamação, a proclamação de uma verdade absoluta, em que o sujeito que proclama acredita, e acredita com tal certeza que é capaz de fazer as pessoas acreditarem também. A autoverdade é uma afirmação que o sujeito acredita ser uma verdade absoluta. Acho importante destacar aqui o caráter absoluto da afirmação. Penso que essa fala que se quer absoluta é própria também do humilhador.

Em "Luto e melancolia" (1917/1992), Freud escreveu a clássica frase segundo a qual, na melancolia, "a sombra do objeto caiu sobre o eu". Da mesma maneira, na teoria ferencziana do trauma, na leitura de Maria Torok (1968/1995), é a incorporação do agressor que tem lugar. Torok, ao trabalhar a teoria do trauma em Ferenczi, distingue a introjeção do que chamou de incorporação. O conceito de incorporação criado por Torok nos parece fundamental para entender a dimensão metapsicológica do trauma ferencziano. Introjeção é um conceito criado por Ferenczi em 1909, que diz respeito ao próprio modo de funcionamento do aparelho psíquico. No trauma, o que fica inviabilizada é justamente a introjeção. Em seu lugar, haveria uma incorporação. A introjeção é o que permite ao ser humano ser polissêmico, e a incorporação remete necessariamente à univocidade. Torok toma o modelo metapsicológico da melancolia para demonstrar que ele é semelhante à proposta de Ferenczi na sua teoria do trauma.

Retomo aqui a noção de clivagem do trauma ferencziano, que é de tal ordem que impediria qualquer tipo de contato entre as partes clivadas. Tanto na melancolia quanto no trauma patológico, o objeto é um posseiro do eu. Esse objeto é necessariamente um objeto idealizado. A noção de eu colonizado, que surge em Ferenczi (1908/1991), seria, de alguma maneira, precursora da noção de um eu que pode ser habitado pelo colonizador. Para isso, é necessário pensar que o colonizador está calcado numa premissa aceita e propagada pela cultura em que se insere. Ferenczi apresenta uma metapsicologia do eu das mulheres como um eu colonizado pelo pensamento e pelos parâmetros machistas. Essa ideia de colonização do eu pode explicar, em parte, por que os humilhados ficam nesse lugar sem conseguir sair dessa dinâmica intersubjetiva.

Essa forma de clivagem produzida pelo colonizador tira do sujeito a possibilidade de conversar consigo mesmo, deixando-o à mercê do olhar e do discurso do outro sobre si, sem qualquer ressonância interna que possa rebater ou concordar com aquele que julga. Podemos supor que a instância superegoica, nesse caso, é exteriorizada, ou melhor, terceirizada.

Voltando à questão central sobre a humilhação, é necessário interrogar que fala é essa que tem efeito colonizador sobre o psiquismo do colonizado, e que é capaz de eliminar dele a própria certeza de si (Pinheiro & Viana, 2018).

A fala da humilhação é necessariamente uma fala categórica, uma afirmação sobre o outro que o impede de se desfazer dela ou rebatê-la. Vejamos, o humilhador diz a um homem negro algo tão óbvio e factual como "Você é negro!". Ao afirmar tamanha banalidade, embutindo na frase juízos de valor racista não explicitados, o termo *negro* passa a remeter a uma totalidade desqualificante, que encontra valor de verdade absoluta. *Negro* se torna sinônimo de pessoa inferior ou subalterna. Como o sujeito que recebe essa frase com efeito de humilhação pode responder? O mesmo exemplo serve para a fala sobre uma pessoa com orientação sexual homoafetiva, designada pejorativamente *veado* ou *sapatão*. Ou para a fala de um homem dirigida a uma mulher (em geral, de forma bastante agressiva): "Isso é coisa de mulher!". São modos de comunicação humilhantes e paralisantes ao mesmo tempo. Como rebater, como se desfazer dessas afirmações? No universo do humilhador, o mundo e todos têm que ser iguais a ele. Não cabe a diferença, não cabe a empatia pelo semelhante. Só é semelhante a ele quem for igual a ele. Esse sujeito que humilha é necessariamente alguém que detém o poder, seja por ser branco, heterossexual ou cisgênero. Mas as mulheres não humilham? Claro que sim, quando são brancas, heterossexuais e se iludem com isso, achando-se parecidas com o homem branco. Essas mulheres que humilham estão nessa categoria de colonizadas. A sombra do humilhador caiu sobre elas.

Minha hipótese é que esse caráter inquestionável da fala daquele que desacredita, uma fala que se quer absoluta, retoma de alguma maneira a própria constituição do eu ideal – esse eu onipotente e completo, anterior à castração, que se toma por perfeito e absoluto.

> *Mas sou este ser humano*
> *A quem deste alma, razão,*
> *Coração, vontade... e o engano*
> *De sonhar ser mais que humano*
> *Contra a humana condição.*
> *(Régio, 2007, p. 34)*

A ternura e sua diferença da humilhação

Se a humilhação, como vimos, é a forma extrema do comportamento narcísico, a ternura é o único sentimento não narcísico.

Ferenczi (1933/1989b) opõe a linguagem da paixão à linguagem da ternura. A primeira teria por característica o adulto não reconhecer a criança como criança, mas tomá-la por outro adulto. A ternura, por sua vez, seria uma linguagem lúdica.

O sentimento da ternura não é narcísico. Envolve justamente poder se encantar com a diferença, com aquilo que surpreende, que desconcerta, que é belo. Ele pressupõe ter condição de observar o outro, contemplar, sentir empatia. A paixão, ao contrário, opera na idealização, como Freud (1914/1984a) apontou: o outro seria aquilo que o eu gostaria de ser ou o que ele acha que é – nada pode ser mais narcísico. Na ternura, está em jogo a diferença que encanta, o inesperado. Nesse sentido, a ternura é necessariamente da ordem da polissemia, da ambiguidade. A linguagem da paixão, ou a linguagem daquele que humilha, é absoluta, unívoca. Ela abole todas as diferenças. Trata-se de tomar o outro como um idêntico – trata-se, portanto, de uma relação narcísica com o outro.

Segundo Freud (1920/1984b), é a ternura que sustenta uma relação afetiva, ou seja, o que é da ordem do princípio do prazer busca exclusivamente a descarga. Essa descarga acontecendo daria um fim a esse vínculo. Se não houvesse a ternura, não seria possível manter uma relação afetiva. Nesse sentido, a ternura é aquilo que desvia o olhar do narcisismo, é a brecha da diferença que se instala produzindo o encantamento – ternura que, desviada da finalidade da descarga, assim como a sublimação, se arrasta no tempo.

Sabemos como funciona o mundo que enaltece o sujeito narcísico. Krenak (2020) mostra que esse mundo ocidental, branco, europeu e neoliberal, tão destrutivo e solitário, deu as costas para outra forma de estar no mundo. Uma forma mais empática com os outros humanos, se tomados como tão relevantes quanto qualquer ente da natureza. É um estar no mundo em que o encantamento é uma experiência constante e cordial.

O filme *Dias perfeitos* (2023), de Wim Wenders, também aponta para outra forma de estar no mundo. O olhar de ternura e encantamento do protagonista para a natureza e os diferentes modos de contemplar a vida, para as diferentes subjetividades e suas formas de estar no mundo, é um sopro de esperança num universo que se tornou tão violento.

Referências

Bauman, Z. (2021). *Tempos líquidos* (C. A. Medeiros, Trad.). Zahar. (Trabalho original publicado em 2006).

Brum, E. (2018). Bolsonaro e a autoverdade: como a valorização do ato de dizer, mais do que o conteúdo do que se diz, vai impactar a eleição no Brasil. *El País*. https://brasil.elpais.com/brasil/2018/07/16/politica/1531751001_113905.html#?prm=-copy_link

Costa, J. (2021). *Violência e psicanálise*. Zagodoni.

Debord, G. (2007). *A sociedade do espetáculo* (E. S. Abreu, Trad.). Contraponto. (Trabalho original publicado em 1967).

Ehrenberg, A. (2000). *La fatigue d'être soi*. Odile Jacob.

Ferenczi, S. (1989a). Análise de crianças com adultos. In S. Ferenczi, *Escritos psicanalíticos: 1909-1933* (J. Bastos & A. Telles, Trads., pp. 333-346). Taurus. (Trabalho original publicado em 1931).

Ferenczi, S. (1989b). Confusão de língua entre os adultos e a criança. In S. Ferenczi, *Escritos psicanalíticos: 1909-1933* (J. Bastos & A. Telles, Trads., pp. 347-356). Taurus. (Trabalho original publicado em 1933).

Ferenczi, S. (1989c). Transferência e introjeção. In S. Ferenczi, *Escritos psicanalíticos: 1909-1933* (J. Bastos & A. Telles, Trads., pp. 29-60). Taurus. (Trabalho original publicado em 1909).

Ferenczi, S. (1991). Do alcance da ejaculação precoce. In S. Ferenczi, *Obras completas* (A. Cabral, Trad., Vol. 1, pp. 1-4). Martins Fontes. (Trabalho original publicado em 1908).

Ferenczi, S. (1993). Thalassa: ensaio sobre a teoria da genitalidade. In S. Ferenczi, *Obras completas* (A. Cabral, Trad., Vol. 3, pp. 255-325). Martins Fontes. (Trabalho original publicado em 1924).

Freud, S. (1984a). Introducción del narcisismo. In S. Freud, *Obras completas* (J. L. Etcheverry, Trad., Vol. 14, pp. 65-98). Amorrortu. (Trabalho original publicado em 1914).

Freud, S. (1984b). Más allá del principio de placer. In S. Freud, *Obras completas* (J. L. Etcheverry, Trad., Vol. 18, pp. 1-62). Amorrortu. (Trabalho original publicado em 1920).

Freud, S. (1986). "Pegan a un niño": contribución al conocimiento de la génesis de las perversiones sexuales. In S. Freud, *Obras completas* (J. L. Etcheverry, Trad., Vol. 17, pp. 173-200). Amorrortu. (Trabalho original publicado em 1919).

Freud, S. (1992). Luto e melancolia (M. Carone, Trad.). *Novos Estudos Cebrap*, 32, 130-142. (Trabalho original publicado em 1917).

Krenak, A. (2020). *Ideias para adiar o fim do mundo*. Companhia das Letras.

Lasch, C. (1983). *A cultura do narcisismo* (E. Pavaneli, Trad.). Imago. (Trabalho original publicado em 1979).

Lei n. 11.340. (2006). https://www.planalto.gov.br/ccivil_03/_Ato2004-2006/2006/Lei/L11340.htm

Pinheiro, T. (2024). A violência e o abuso moral. In F. Ortega, G. B. Soares, J. A. Gama & B. Assy (Orgs.), *Pensar o sujeito, agir no mundo: diálogos com a obra de Jurandir Freire Costa* (pp. 641-665). Blucher.

Pinheiro, T. & Viana, D. A. (2018). Trauma, descrédito e masoquismo em Ferenczi. In A. Maciel Jr. (Org.), *Trauma e ternura: a ética em Sándor Ferenczi* (pp. 46-61). 7Letras.

Régio, J. (2007). Ausência. In J. Régio, *Obras completas* (p. 34). Imprensa Nacional; Casa da Moeda de Portugal.

Ribeiro, R. (1978). Todo menino é um rei [Música]. In *Roberto Ribeiro*. Odeon.

Safatle, V., Silva Junior, N. & Dunker, C. (Orgs.). (2021). *Neoliberalismo como gestão do sofrimento psíquico*. Autêntica.

Sennett, R. (1988). *O declínio do homem público* (L. A. Watanabe, Trad.). Companhia das Letras. (Trabalho original publicado em 1977).

Sennett, R. (1999). *A corrosão do caráter* (M. Santarrita, Trad.). Record. (Trabalho original publicado em 1998).

Torok, M. (1995). Doença do luto e fantasia do cadáver saboroso. In N. Abraham & M. Torok, *A casca e o núcleo* (M. J. R. F. Coracini, Trad., pp. 215-236). Escuta. (Trabalho original publicado em 1968).

Wenders, W. (Diretor). (2023). *Dias perfeitos* [Filme]. Master Mind; Spoon; Wenders Images.

Outros títulos da Série Psicanálise Contemporânea

Adoecimentos psíquicos e estratégias de cura: matrizes e modelos em psicanálise, de Luís Claudio Figueiredo e Nelson Ernesto Coelho Junior

Andarilhos da imaginação: um estudo sobre os loucos de rua, 2. ed. rev., de Flávio Ferraz

O brincar na clínica psicanalítica de crianças com autismo, de Talita Arruda Tavares

Budapeste, Viena e Wiesbaden: o percurso do pensamento clínico-teórico de Sándor Ferenczi, de Gustavo Dean-Gomes

Capturas do sofrimento: corpo, alimentação e ideais na clínica psicanalítica, de Maria Helena Fernandes

Chuva n'alma: a função vitalizadora do analista, de Fátima Flórido Cesar, Marina F. R. Ribeiro e Luís Claudio Figueiredo

A cientificidade da psicanálise: novos velhos horizontes, com organização de Vitor Carvalho e Marcelo Ferretti

Clínica da excitação: psicossomática e traumatismo, de Diana Tabacof

Corpo, sonho, palavra: ensaios psicanalíticos II, de Flávio Ferraz

Da excitação à pulsão, com organização de Cândida Sé Holovko e Eliana Rache

De Narciso a Sísifo: os sintomas compulsivos hoje, de Julio Verztman, Regina Herzog e Teresa Pinheiro

Depressão & doença nervosa moderna, 2. ed., de Maria Silvia Borghese

Desafios epistemológicos para a psicanálise: ensaios psicanalíticos III, de Flávio Ferraz

Do grito à palavra: um percurso ferencziano, 2. ed., de Teresa Pinheiro

Do pensamento clínico ao paradigma contemporâneo: diálogos, de André Green e Fernando Urribarri

Do povo do nevoeiro: psicanálise dos casos difíceis, de Fátima Flórido Cesar

Em carne viva: abuso sexual de crianças e adolescentes, de Susana Toporosi

Escola, espaço de subjetivação: de Freud a Morin, de Esméria Rovai e Alcimar Lima

Escola e subjetivação: diferentes perspectivas, de Esméria Rovai e Alcimar Lima

A eternidade da maçã: Freud e a ética, 3. ed., de Flávio Ferraz

Expressão e linguagem: aspectos da teoria freudiana, de Janaina Namba

Fernando Pessoa e Freud: diálogos inquietantes, de Nelson da Silva Junior

Figuras do extremo, de Marta Rezende Cardoso, Mônica Kother Macedo e Silvia AbuJamra Zornig

O grão de areia no centro da pérola: sobre neuroses atuais, de Paulo Ritter e Flávio Ferraz

Heranças invisíveis do abandono afetivo: um estudo psicanalítico sobre as dimensões da experiência traumática, de Daniel Schor

Histórias recobridoras: quando o vivido não se transforma em experiência, de Tatiana Inglez-Mazzarella

Identificação: imanência de um conceito, de Ignácio A. Paim Filho e Raquel Moreno Garcia

A indisponibilidade sexual da mulher como queixa conjugal: a psicanálise de casal, o sexual e o intersubjetivo, de Sonia Thorstensen

Interculturalidade e vínculos familiares, de Lisette Weissmann

Janelas da psicanálise: transmissão, clínica, paternidade, mitos, arte, de Fernando Rocha

O lugar do gênero na psicanálise: metapsicologia, identidade, novas formas de subjetivação, de Felippe Lattanzio

Os lugares da psicanálise na clínica e na cultura, de Wilson Franco

Luto e trauma: testemunhar a perda, sonhar a morte, de Luciano Bregalanti

Matrizes da elaboração psíquica no pensamento psicanalítico: entre Freud e Ferenczi, de Thiago da Silva Abrantes

Metapsicologia dos limites, de Camila Junqueira

Os muitos nomes de Silvana: contribuições clínico-políticas da psicanálise sobre mulheres negras, de Ana Paula Musatti-Braga

Nem sapo, nem princesa: terror e fascínio pelo feminino, de Cassandra Pereira França

Neurose e não neurose, 2. ed., de Marion Minerbo

O originário e o recalque primário: considerações sobre a formação do sujeito psíquico e as novas patologias, de Ana Maria Sigal

Pensar o sujeito, agir no mundo: diálogos com a obra de Jurandir Freire Costa, com organização de Francisco Ortega, Gabriela Bastos Soares, Jairo Gama e Bethania Assy

A perlaboração da contratransferência: a alucinação do psicanalista como recurso das construções em análise, de Lizana Dallazen

Psicanálise de casal e família: uma introdução, com organização de Rosely Pennacchi e Sonia Thorstensen

Psicanálise e ciência: um debate necessário, de Paulo Beer

Uma psicanálise errante: andanças cinemáticas e reflexões psicanalíticas, de Miriam Chnaiderman

Psicopatologia psicanalítica e subjetividade contemporânea, de Mario Pablo Fuks

Psicossomática e teoria do corpo, de Christophe Dejours

Razão onírica, razão lúdica: perspectivas do brincar em Freud, Klein e Winnicott, de Marília Velano

Relações de objeto, de Decio Gurfinkel

Relações fusionais: quando o amor entre pais e filhos transborda, de Adriana Meyer Gradin

Ressonâncias da clínica e da cultura: ensaios psicanalíticos, de Silvia Leonor Alonso

Sabina Spielrein: uma pioneira da psicanálise – Obras Completas, volume 1, 2. ed., com organização, textos e notas de Renata Udler Cromberg

Sabina Spielrein: uma pioneira da psicanálise – Obras Completas, volume 2, com organização, textos e notas de Renata Udler Cromberg

O ser sexual e seus outros: gênero, autorização e nomeação em Lacan, de Pedro Ambra

Tempo e ato na perversão: ensaios psicanalíticos I, 3. ed., de Flávio Ferraz

O tempo e os medos: a parábola das estátuas pensantes, de Maria Silvia de Mesquita Bolguese

Tempos de encontro: escrita, escuta, psicanálise, de Rubens M. Volich

Transferência e contratransferência, 2. ed., de Marion Minerbo

Trauma: metapsicologia e clínica de Sigmund Freud, de Thais Siqueira